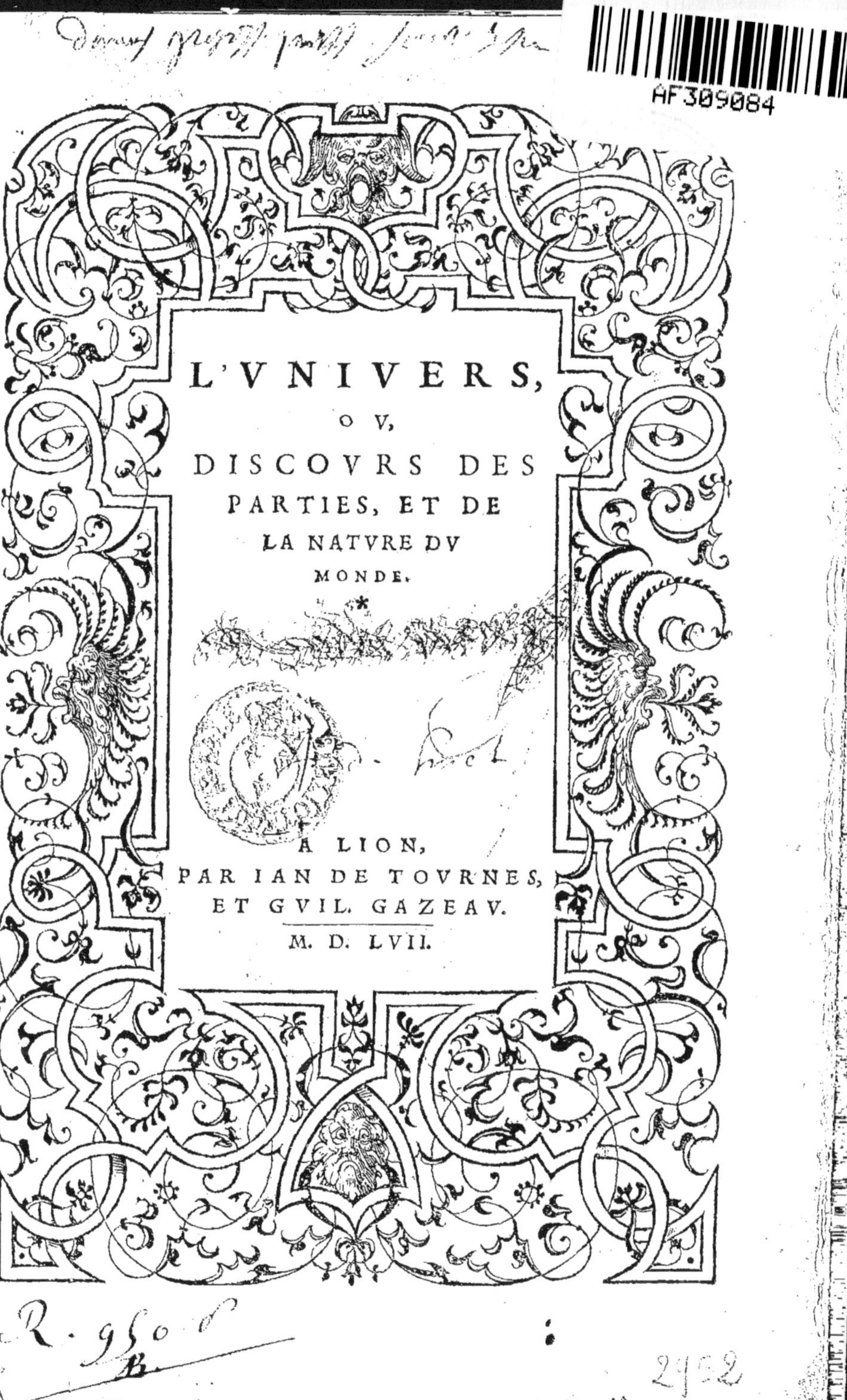

L'VNIVERS,

OV,

DISCOVRS DES PARTIES, ET DE LA NATVRE DV MONDE.

*

A LION,

PAR IAN DE TOVRNES,
ET GVIL. GAZEAV.

M. D. LVII.

MIHI
PROVINCIA
EST
SOLITVDO
P · D · T ·
EN SON AN
3 I

A MONSIEVR
DE SAINT ANTOT,
PREMIER PRESIDENT
DE ROVEN.

I je puis par quelque meilleur témoignage que de louëges, trop luisantes en voz vertus cónues, pour estre embellies de paroles simples , vous faire preuue, combien j'aurois cher le moyen de m'employer en chose qui descouurist la reuerence de laquelle je vous honore : je remerciray auec plus de contentement Nature, qui m'a fait naitre d'un sang tant votre prochein : & Fortune, ou, pour mieus dire, votre bonté, qui ha liee tant estroitement mon obeïssance à votre amitié : demeurant en moymesmes rempli d'une secrette satisfaccion, si je vous donne ocasion de croire, que je sois digne & de l'un & de l'autre. Ce qu'à present je ne saurois mieus commodemēt

a 2　　faire

4

faire, que, par ocupacion ſtudieuſe & literaire, m'a-
franchir de la reputacion d'eſtre indigne votre pa-
rent, qui eſtes aſſez illuſtre exemple, pour aſſurer
contre je ne ſay quelle ſtupide opinion, que les lettres peuuent beaucoup ajouter à la nobleſſe du
Gentilhomme : & eſſaier, ſi ce Diſcours, lequel je
vous offre pour montre de l'exercice, qui trompe
ordinairement mon oiſiueté, entrera, comme la
plus chere choſe que j'aye, en conte pour quelque
mienne reconnoiſſance de votre amitié. Faiſant
foy, qu'en toute ſorte je me voudrois deſpendre à
vous donner plaiſir : & me laiſſant par la faueur
que je receuray, ſi vous ne le jugez ſans merite
d'eſtre vû, auſſi content que je ſeray toute ma
vie d'extreme & afectueuſe ſeruitute
incline ſous voz commande-
mens : à Biſſy, ce pre-
mier de Iuillet.

1557.

Votre obeïſſant couſin &
ſeruiteur, P. D. T.

L'VNIVERS,

OV,

DISCOVRS DES

PARTIES, ET DE LA

NATVRE DV

MONDE.

OVRCE qu'il me sem-
ble, l'homme ne pouuoir
souhaiter, ny receuoir plus
grand bien, que la vraye
connoissance des choses :
je juge la condicion de celui qui coule sa vie auec

Condicion
desirable à
l'homme.

les sciences, comme en l'exercice pour lequel l'hom-
me est bien expressement
nay, & duquel sur tous les animaus il est doué uniquement,
heureuse & desirable. Car nous serions inutilement dressez
par Nature au milieu de cet admirable Theatre mondain,
la face droite, les yeus hauts & clairs, la teste flexible en toute part, & la personne entiere, agile à se tourner en rond, si
nous ne regardions en diligente consideracion toutes les substances de ce Monde, courbé, pour s'offrir plus commodement
à notre vuë. Mais qui est celui, qui, jouissant de la belle lu-

a 3   miere

miere celeste au plein jour, n'entre en desir d'en connoitre la
source ? ou qui sentant un contraire effet par la nuit, n'en di-
scourt ou recherche la cause ? qui void glisser les saisons l'une
apres l'autre d'un ordre inuariable, selon lesquelles, les fleurs
succedent aus boutos, les fruiz aus fleurs, le dous meurissement
à l'aigre verdeur, sans entrer en admiracion ? & qui peut en
telle merueille, ne desirer de connoitre la cause ? C'est (à mon
auis) ce qui esmut *Anaxagore* interrogué à quelle fin il pensoit estre nay, de respondre, Pour voir (dit il) le Ciel, & le Soleil. Et ne sera (possible) mon opinion condannee des plus sains
jugemens, si j'ajoute, que l'homme est nay pour contempler le
Monde. Grand nombre de Filozofes, & l'entiere troupe des
Theologiens, acordent d'une voix, que tout ce qui est au Monde (pour rien ne parcialiser) est fait à l'usage & seruice de
l'homme : qui ne se doit entendre nuement de l'ayde & nourriture que le Corps s'accommode. Car estant le Corps, moindre
& plus vile partie, ce seroit lui donner trop de preeminence,
qu'en si riche sentence il emportast le tout, ou le premier proufit. Aussi me semble il, que tout ainsi que le Corps, pour sa
nourriture, choisit les fruiz, & les animaus : & fauorise son
exercice & trauail, de repos successif, usant des effetz et accions
euidentes, qui procedent des causes ocultes, & secrettes: l'Esprit,
de plus illustre essence, non necessité à l'usage des effetz & accions, doit se nourrir de la connoissance des causes & puissances. Opinion, que vous sauez auoir esueillez de tous tems les plus
beaus, & meilleurs entendemens, à se despendre & employer
aus contemplatiues consideracions des choses: Dont il nous reste encores, malgré les injures de l'outrageus, & oublieus en-
uieillissement des aages, tant de belles & non perissables re-
stes, que mal aisément pouuons nous rien discourir, que par
redites, & imitacions de ceus qui nous ont precedez, & des-

quelz

A quelle fin
l'homme est
nay.

Comme tout
est fait pour
l'homme.

quelz les euures sont encores entre noz mains. Si est ce toutefois que cela ne me semble esteindre la voix en la bouche, ny arracher le stile de la main des viuans : mais plustot deuoir seruir d'eguillon à nous pousser en trein, duquel la trasse laissast memoire aus siecles suiuans, que nous auons vescu en desir de leur porter proufit. Ciceron, pour auoir esté precedé par Platon, ne se descouragea d'escrire diuers sugez ja traitez deuant lui : mesmes le Timee, lui seruit, je ne di d'argument, mais de texte remis entierement presque de mot à mot, en son liure de l'Uniuersité. Apulee, ne laissa de discourir le Monde, combien que long tems auant lui Aristote, & Theophraste l'ussent escrit : voire fut si peu difficile, que changeant seulement le nom d'Alexandre, en celui de Faustin, il fit l'entier euure de l'un d'eus, Latinement sien. Philon, & Ocelle, en ont escrit l'un apres l'autre, & n'y ha secte de Filozofie, qui n'ayt estendue la plus belle partie de ses recherches, entour les substances & causes mondeines : en la consideracion desquelles m'estant quelquefois delecté, & en ayant remarqué certeins traiz grossiers, & (comme on diroit) monogrammes, je n'ay voulu refuser à mes François, en ce Discours que je vous donne, partie du fruit que j'y auois fait, pour en ouurir le chemin à quelque autre studieus & diligent, ou pour m'ocasionner par ci apres une seconde edicion, en telle posture que je la pourray redresser, auec l'aage, s'il m'est commodément alongé : esperant qu'en cette premiere, la perspicacité de votre admirable jugement me sera gracieuse, pource que d'autant qu'un suget est esleué & rempli de difficulté grande, d'autant legeremét sont excusables ceus, desquelz, en le traitât, la volonté bien inclinee ne rencontre heureusemét : & d'autant (aussi) plus louables ceus, qui en quelque partie, si non en tout, auröt esclarcie la connoissance de tant merueillable diuersité

Li

Ocasion du
Dialogue.

Une maniere d'Astrolabe

Proufit des
Mathemates.

*l'astronomie vray
chemin à la
Theologie*

*Divine
beauté*

Le *Curieus*, & *Hieromnime* m'eſtoient venus voir, comme ils font ordinairement, & entrez en la chambre ou je ſuis
coutumier de me retirer pour les heures moins perdues : me
trouuerent, raſſemblant un *Meteoroſcope*, lequel lon m'auoit
enuoyé. Ce pendant que je tentois, ſi l'artiſan auoit exactement obſerué la meſure que je lui auois preſcrite : entre le
Curieus & *Hieromnime*, ſourdit un propos, touchant les *Mathemates*, deſquelles *Hieromnime* ne faiſoit grande eſtime, &
meſmes, auec quelques ſentences des lettres ſaintes, leur auoit
eſſayé d'oter la reputacion qu'elles tiennent entre les profeſ-
ſions honneſtes, des ſtudieus : ainſi donq que je laiſſois l'inſtrument, & les auois prié de s'aſſoir, jouiz le *Curieus* continuant ce qu'il auoit commencé. Car (diſoit il) les *Mathemates* ſont le vray moyen (s'il s'en peut trouuer un) pour former
quelque certitude aus ſpeculacions *Theologiennes*, & *Naturelles* : incerteines pour la continuelle mutacion, & variable
inconſtance des matieres de ceſtes : & pour la difficulté, voire
incomprehenſibilité des autres. Quel autre chemin (je vous
prie) plus droit nous meine à la *Theologie*, que l'*Aſtronomie*
& ſes ſeruantes ? vû qu'elles ſeules en leurs demonſtracions,
qui ont hors tout doute, la raiſon pour fondement, deſcouurent
comme vous diriez à nud, la procheineté des immuables, per-
petuelles, & impaſſibles ſubſtances : aus mouuantes, tempo-
relles, muables & paſſibles : &, comme fauoriſant, pour non
dire préuenant, la *Theologie*, nous eſlieuent au plus haut degré de perſpicacité, enamourant noz ames de la *Diuine*
beauté. Car pour la connoiſſance de la Nature, entretenue par
l'ordre d'un juſtement eſmu, & non temeraire mouuement,
que faut il plus rechercher que la condicion de l'accion, mouuante ores le corruptible, ores l'incorruptible, & pouſſant l'un
en rond, & l'autre, du milieu, ou vers le milieu, ſelon les accions

& paſ

& passions diuerses? Il est vray (repliqua Hieromnime) que
deus Simulacres ont esté proposez aus humeins pour les esleuer & acheminer à l'inuisible & intellectuel. L'un est simu-
lacre de Nature, qui est le Monde: la naturelle espece duquel, montre la grande excellence de l'ouurier: si obscurement
toutefois, que cela ne pouuoit illuminer les yeus des contem-
plateurs, pource que Nature de soy trop debile, ne suffiroit
pour nous faire connoitre le surnaturel, sans le second simu-
lacre: qui est la Grace, en l'humanité de la parole Diuine, de
laquelle la vraye, bonne, & unique clarté, procedante de la
vraye, bonne, & unique source de lumiere, ha ouuert les yeus
humeins: &, par la viue persuasion de sa doctrine, ha donné
aus voyans connoissance de la verité. Bien que la doctrine de
la religion (suiuit le Curieus) soit suffisante pour donner con-
tentement à l'esprit pie: si ne puis'je confesser que les
sciences honnestes, & liberales disciplines ne soient (outre ce
que j'ay desia dit) necessaires à l'utilité, & tranquilité des
hommes: & que d'elles ne dependent les constitucions de toutes Republiques bien gouuernees: mesmes les Mathemates,
puis que par nombres, par poix, par mesures, par saisons, par
tems, & obseruacions celestes toutes choses sont conduites, recueillies, & distribuees: voire que l'industrie de l'Aritmeti-
que, la Geometrie, & l'Astronomie est signe que nous sommes hommes, & nous rend (comme autrefois ha dit un grand
Filozofe) differens des brutes: faisant témoignage, de combien
notre espece est plus excellente que celle des animaus, à tous
lesquelz nous sommes superieurs: mesmes que, merci des sciences, le sage est estimé demeurer au Monde, comme en une Republique de laquelle il est chef, & ou il n'y ha rien, dont la
disposicion ne soit escrite & portraite en son esprit: tellement
quil comprend en soy tout cet Uniuers, c'est adire, la disposicion

b   bien

bien ordonnée de *Tout*, duquel le centre est la *Terre*, la circonference le *Ciel*, & le contenu d'un à autre, est l'*Elementaire region*. Ce propoz estendu en quelques autres brieues &
presque semblables descripcions du *Monde*, nous tira en admiracion de tant esmerueillable machine : & nous en estions
entretenus un assez long espace d'heure, quand le *Curieus*
poursuiuant, dit : Outre le *Monde*, puis qu'il est *Tout*, rien ne
peut estre selon l'opinion d'*Aristote*, qui, plus outre que le
Monde, ne reçoit, ny lieu, ny tems, ny vuide : chose qui semble estrange & difficile à croire : car s'il se meut, il faut qu'en
quelque lieu il se meuue : & s'il est contenu, il est fini : mais
si outre lui il n'y ha rien, c'est conclu une infinité. Ceci ha engendré diuers troubles : & en fin reste l'opinion plus soutenable, que le *Monde*, tendant, & s'inclinant, ou pressant
tousiours contre son milieu, est fini, d'espece & de mesure
ronde : est fini de vertu, par laquelle toutes choses finies s'engendrent : ressemblant toutefois infini à cause de l'admirable
grandeur de sa masse. Ainsi il est fini en soy, mais semblant
infini en nous, pour la difficulté qui est à faire denombrement
singulier de ses parties, & non pource qu'il soit ainsi, ny que
l'*Esprit* humein soit incapable de le comprendre. Pour exemple dequoy, *Archimede* nous ha laissé les demonstracions du
denombrement de l'*Areine*. Non (dit il en sa *Psammite*)
celle seulement qui est alentour de *Syracuse*, & le reste de Sicile, mais encores celle qui est contenue aus regions habitables,
& non habitables, est comprinse sous un nombre, & n'est point
infinie. Il me reuient en memoire, que *Cleomede* se formali-
sant contre *Aristote*, prouuant le *Monde* estre fini, ajoute,
qu'outre il y ha un vuide infini, qui le contient. Telle est son
induccion. Le *Monde* est administré par une prouidence, &
l'administracion ne peut estre sans puissance dessus ce qui est
                                    administré :

Riẽ n'est ou-
tre le Monde.

Le Monde
estre fini, &
pourquoy il
est estimé in-
fini.

Le vuide in-
fini outre le
Monde.

adminiſtré : il reſte donq le Monde eſtre fini : car ſur l'infini nulle puiſſance ſe peut eſtendre. Quant à la Prouidence
qui adminiſtre & gouuerne, il la conclud, par l'aſſemblement
des parties du Monde , ſi proprement jointes en certeine forme : par l'ordre des choſes non jamais perturbé : par la liaiſon
des particuliers & peculiers effetz à leurs cauſes particulieres
& peculieres, qui ſans aucune confuſion preſident, chacunes à
leurs eſpeces : par la fin, à laquelle nous voyons chacune choſe
aſpirer ſelon ſa condicion : & par la continuelle ſucceſſion d'un
mutuel & reciproque uſage , duquel une choſe eſt aplicable à
l'autre, toutes loix qui ne pourroient eſtre ordonnees ſans prouidence en tant inuiolable obſeruacion. Apres il reſte à ſauoir que c'eſt ce qui finit le Monde : Le vuide (reſpond il) qui
eſt infini, & outre lequel il n'y ha rien : De ce vuide la connoiſſance eſt ſimple : car il eſt incorporel, inſenſible, ſans figure , ſans accion , & ſans paſſion , mais abſolument idoine &
propre de receuoir & contenir un Corps. Imaginez donq le
vuide, eſtre ce qui peut eſtre rempli, & vuidé ou delaiſſé de
Corps. Qu'il ſoit incorporel, il appert ainſi : Tout Corps eſt en un
autre qui le contient, & ce qui contient (il entend des grans
& premiers corps) eſt different de ce qui eſt contenu. L'air contenant & embraſſant l'Eau , & la Terre , leur eſt different
& diuers. Le Feu, contenant l'air, & l'eau, & la terre, eſt
different des trois. Le Ciel, contenant ces quatre, eſt different
d'eus. Puis donq que lon ne ſcet, & qu'il n'y ha ſubſtances que
ces cinq materielles & corporelles : faut il pas confeſſer que
ce qui contient le Ciel, & les quatre contenus du Ciel, eſt different des cinq qu'il contient, & par bonne ſuite, incorporel &
immateriel ? infini (dit Hieromnime) n'eſt autre choſe que
Dieu eternel, en infinie prouidence, & infinie eternité, qui ha
créé & compoſé ce Monde, & qui le comprend, contient, &

b 2   ſoutient

Que c'eſt que
vuide.

ſoutient en ſoy, outre l'apprehenſion de tout entendement humein. Cet infini (ajouta le (urieus) ha eſté par les premiers
Poëtes Theologiens imaginé eternel, où l'eternité meſmes, &
l'a ainſi chanté diſertement ſelon ſa grace acoutumee Pierre
de Ronſard en ſon Hymne de l'Eternité,

> Tout au plus haut du Ciel dens un trone doré,
> Tu te ſiedz en l'habit d'un manteau coloré
> De pourpre rayé d'or, duquel la broderie
> De tous cotez s'eſclate en riche pierrerie.
> Et là, tenant au poing un grand ſceptre aimantin,
> Tu ordonnes tes loix au ſeuere Deſtin,
> Qu'il n'oſe outrepaſſer, & que lui meſme engraue
> Fermes au frond du Ciel, ainſi qu'à toy eſclaue,
> Faiſant tourner ſous toy les neuf Temples voutez,
> Qui dedens & dehors cernent de tous cotez
> Sans rien laiſſer ailleurs tous les membres du Monde,
> Qui git deſſous tes piedz comme une boule ronde.

Puis un peu apres,

> D'un lien aimantin les ſiecles tu attaches,
> Et deſſous ton grand ſein tout ce Monde tu caches.

En fin la deſcriuant bien expreſſement & auec ſes plus vi-
ues & propres couleurs:

> Tu es toute dens toy, ta partie, & ton tout,
> Sans nul commencement, ſans milieu, ne ſans bout,
> Inuincible, immuable, entiere, & toute ronde,
> N'ayant partie en toy, qui dens toy ne reſponde,
> Toute commencement, toute fin, tout milieu,
> Sans tenir aucun lieu, de toutes choſes lieu,
> Qui fais ta deïté du tout par tout eſtendre,
> Qu'on imagine bien, & qu'on ne peut comprendre.
> Mais, pour ajouter à ce que nous diſions, ſi (comme il eſt
>   veritab

veritable) toute figure est finie, & si le Monde est rond non
seulement de mouuement connu, mais aussi de figure, il demeure plus que prouué qu'il est fini. Ce qu'ont soutenu les Stoïques, receuant l'opinion du vuide, & de l'infini outre un seul
Monde : & non comme Democrite, Epicure, & Metrodore
leur disciple, qui imaginerent que l'infini en son infinie estendue, receuoit plusieurs & innombrables Mondes : les uns
ronds, & les autres figurez d'autre forme. Toutefois contre
eus, & ceus qui le figurent oual (s'ils n'usent de ce mot en comparaison de la Terre, qui au milieu du Monde, comme le
moyeu dedens l'euf, contient toute nourriture & semence de
generacion) ou angulaire, l'experience oculaire des Estoiles apparentes & disparentes qui trassent diuers cercles en cours
rond, non pas en droite ligne, comme ont creu quelques uns
auec aussi legere creance, que Heraclite les esteingnant à leur
soir, & les r'allumant à leur leuer, conueinquent au Ciel la
forme, & mouuement spherique : opinion plus que receuë, &
vulgaire par les principes de Ptolomee, aus demonstracions
desquelz l'on peut ajouter, que toute figure est solide, ou pleine : c'estadire plate & de simple superfice, desquelles les ron-
des sont plus excellentes. Car toute figure plate est ou de
lignes droites, qu'ils nomment Euthygrammes, comme le
Triangle, le Quadrangle, l'Exangle, & autres composees de
lignes tirees en droit, ou bien de ligne tournee en rond, qu'ils
appellent Peripherogramme : c'est la figure du cercle qui n'a
qu'une seule ligne. Ici, faut tenir pour chose trescerteine que
l'unité est premiere que la pluralité, & le simple premier que
le composé, car on ne le peut nier sans outrager le sens commun : & par ainsi la forme ronde, qui n'est que d'une ligne,
non composee de plusieurs, est premiere que les autres figures
dens lesquelles entrent plusieurs lignes. Mais c'est peu, de dire

que

Rondeur, forme parfaite.

que la figure ronde est premiere, si l'on ne lui donne nom de perfeccion, lequel vrayment elle merite, si nous descriuons bien cela estre parfait à quoy rien d'estranger ne peut estre ajouté: car il est trop euident que lon peut bien ajouter aus lignes droites. Mais à la figure ronde, quoy? & si lon ne lui peut rien, ajouter ne lui conuient pas la diffinicion de perfeccion? D'auantage il est certein que comme des figures plates, le cercle est la premiere & plus parfaite: aussi des figures solides la ronde ou la boule est douee de mesme perfeccion: car comme le cercle n'est que d'une ligne tournoyee, ainsi la boule n'est enuironnee ou enuelopee que d'une extremité & superfice. Aussi est indiuisible la forme ronde en autres pieces de mesme forme: & de tant admirable estre, que la proporcion qu'elle peut auoir à quelque autre forme que ce soit, n'est point encores sceuë, aumoins publiee de ce Tems, combien qu'Aristote l'ayt rengee sous la capacité de l'humeine science, & que diuers Mathematiciens s'y soient essayez. Condicions neanmoins descouuertes & prouuees à la forme angulaire, de tant de diuerses lignes soit elle composee: d'ou il appert, que la rondeur est la premiere & plus parfaite forme de tous les corps solides: & semble estre necessaire, que cette premiere & plus parfaite forme, soit due au corps premier & plus parfait, qui

Rondeur de tout ce que le Ciel contient.

est le Ciel, rond & de forme & de mouuement. Ioint que tout ce que le Ciel embrasse, est rond, pource que sous sa concauité nous n'imaginons point un vuide. Et si vous mettez un Triangle, ou un autre corps angulaire dens un rond, comme pourrez vous faire qu'ils se joignent ensemble? & ce qui seroit distant en interualle, & entre l'un & l'autre, que seroit ce? Cela est argument que les Cieus sont ronds, l'un enuelopé de l'autre: car la plus haute des Erratiques jointes l'une à l'autre, touche le Ciel: le feu joint la plus basse des Erratiques:

l'air

l'air eſt joint au feu : l'eau & la Terre à l'air : d'une ronde &
Spherique conjonccion : comme tout œil qui mirera l'eſpace
de l'horizon, ſe pourra facilement, voire tres neceſſairement
perſuader. Demeure donq entre les Filozofes confeſſé le
Monde eſtre acompli en la plus parfaite rondeur qu'on peut
imaginer. Vray eſt que la terre à cauſe des montaignes &
vallees eſt raboteuſe & moins exactement ronde : mais l'eau
eſt plus ronde que la terre : l'air que l'eau : le feu que l'air iuſ-
ques au Ciel, duquel autre rondeur ne peut eſtre plus ronde.
Aucuns ont penſé la terre ſe mouuoir, & non le Ciel : les autres, la Terre & le Ciel ſe mouuoir enſemble. Mais l'opinion
plus fauoriſee, & d'autorité & de raiſon, eſt que le Ciel ſe
meut, & la terre demeure ferme & immuable : car, en tout
mouuement rond, il eſt neceſſaire que quelque choſe demeure
au milieu, qui ſoit centre du corps qui ſe meut alentour. Il eſt
(veus je dire) neceſſaire que tout corps rond, ayt un milieu ou
centre : & il ſemble que ce que nous diſons eſtre au milieu, ne
ſe doit mouuoir, autrement il ne demeureroit point au milieu. Ce donq qui eſt centre & milieu du Monde, eſt la Terre,
ferme & immuable comme les Naturelz ont prouué par
pluſieurs raiſons, & les Mathematiciens demontré viuement
demeurant au Ciel, la proprieté de ſe mouuoir en mouuemens
diuers par une grande prouidence. Car ſi ça-bas les choſes ſont
durables par ſucceſſiues generacion & corrupcion : il eſtoit
neceſſaire que telle diuerſité ſe fit, à cauſe des diuers mouuemens du Ciel, duquel ça bas procedent toutes mutacions. Ie di
Ciel ſimplement d'un mot uniuerſel, combien que le nombre
des Cieus ayt de beaucoup, entre les-anciens, excedé l'unité. Car
les Egipciens & les Caldees : ſuiuis depuis par Platon, Ariſtote & Hyparque ont connu huit Cieus : ſept des Planettes, &
un huitieme ſemé d'Eſtoiles innombrables, qu'aucuns ont dit

eſtre

Le Ciel ſe
mouuoir, &
non la Terre.

Nombre des
Cieus.

estre la plus espesse partie de leur Ciel : & les autres ont suiui
diuerses fantasies assez impertinentes : comme Anaxagore,
croyant que l'impetuosité du mouuement celeste, attirast jusques là haut des caillous, qui embrasez, nous estoient faiz visibles. Mais pour laisser telz songes : entre toutes les Estoiles
sont remarquées communement quarantehuit images : em-
bellies de mile vingt & deus Estoiles reconnues & descrites
par Ptolomee : qui n'a fait (que j'aye memoire) aucune ex-
presse mencion de la neuuieme Sphere, apperceuë, ou possible
feinte par ses successeurs Astronomes : combien qu'il leur ayt
semblé, mesmes à Auerroes, qu'il l'ayt taisement confessee, puis
qu'il ha escrit le mouuement que fait la huitieme d'Occident
en Orient, qui sembleroit autrement s'acompagner d'un inconuenient moins excusable, ainsi se contentant la plus grande part des Astronomes, d'en auoir nombré neuf, comme
aussi il n'appert qu'il en soit d'auantage. Ce n'est chose estrange

Onze Cieus. (dit Hieromnime) si les Mathematiciens, coutumiers de n'a-
teindre plus haut qu'à ce que les æsles de leurs demonstracions
les peuuent esleuer, se sont esblouis à la clarté trop resplendis-
sante pour l'humeine raison : mais ceus, qui poussez d'une
plus haute contemplacion, ne sont si tenamment arrestez aus
matieres, qu'ils n'en admirent & (pour n'oser dire plus) ta-
chent de connoitre la cause, tant que peut leur pouuoir : ont
estimé sur la neuuieme Sphere, estre non seulement un Ciel

Cieus Cristalin & Empyrée. dixieme, surnommé Cristalin : mais encores un onzieme, ap-
pellé Empyree, comme vous diriez ignee : non proprement
pour aucune qualité chaleureuse, mais à cause de l'indicible
splendeur dont il est illustré, comme siege destiné pour l'eternelle demeure de Dieu, des Anges & des saints bienheureus.
En consideracion dequoy le grand Basile repoussa l'outrage
des impies & calomnieus Manichees, qui parlans de Dieu,

escrit

escrit par Moyse, l'appeloiët, Dieu de tenebres. Il me vient toutefois en memoire, q̃ quelques Theologiẽs de bien notable marque, n'ont nombré que dix Cieus: ajoutans sur le huitieme, qu'ils
nomment Firmament, le neuuieme en nom de Cristalin ou
Aquee, & l'Empyree dixieme : pour approuuer l'opinion de
ceus qui apres les Hebreus dispẽsent en trois Idees ou Sephiroth
la substance de lumiere: & dient la premiere estre du Firmament, c'estadire des huit premieres spheres, grace & par singu
liere vertu de laq̃lle, la puissãce vegetãte est infuse dens les Plan
tes: & attribuẽt la seconde cõme de plus merueilleuse efficace,
au Ciel Cristalin, influãt l'Ame sensitiue aus brutes animaus:
puis la troisieme, en degré de dinité plus sublime, est dispensee
au Ciel Empyree, d'ou nous receuons l'Ame raisonnable, qui
ne doit d'autre que de Dieu reconnoitre ou confesser sa source.
Et vraymẽt en cette troisieme lumiere vid l'Apotre (quand
il se dit raui jusqu'au troisieme Ciel, c'estadire jusqu'au Ciel
Empyree) les grans secretz qu'il n'est permis de dire ny reue-
ler à l'homme.   Hieromnime s'apprestant d'en dire d'auantage, fut entrerompu par le Curieus. Aucuns des Astronomes (dit il souriant) ausquelz vous en voulez toujours, Hieromnime, ont bien haussé leur vol jusques à votre dixieme
Cristalin, puis qu'ainsi vous l'appelez, & l'ont nommé premier Mobile : pource qu'ils ont apperceu en la huitieme sphere trois mouuemens : l'un procedant de ce premier Mobile,
qui de la violence de son propre & seul mouuement, tire apres
soy tous les Cercles qu'il embrasse, d'Orient en Occident.   Le
second est causé par la neuuieme sphere, qui se meut regulierement sur le centre du Monde, & sur les Poles du premier
Mobile, suiuant l'ordre des Signes, à sauoir d'Occident, par
le Midi à l'Orient, retournant en cent ans , une troiscent-
soixantieme partie du premier Mobile: contretournant ainsi

c   l'entiere

l'entiere rondeur en trentesix mile ans : ou (car entre les
Astronomes ces diuers mouuemens sont assez difficilement
acordez) seulement en cent ans n'auançant que, quarante &
quatre minutes quatre secõdes, & cinquante & quatre troisie-
mes, tellement qu'en quaranteneuf mile ans Solaires, le chef du
Mouton de la nèuuieme sphere, ayt recouru le Zodiaq entier du premier Mobile. Le troisieme mouuement est propre de la huitieme sphere, fait de certeins points opposez diametralement en elle mesme, par la circonference de deus petiz
cercles, desquelz les centres, sont le premier point du Mouton,
& le premier point de la Liure, de la neuuieme sphere. Ce mouuement communément nommé de Trepidacion, poussé chacun
an enuiron de trois minutes & cinq secondes, est acompli en
sept mile ans Solaires. Quelque Platonique (di je) si j'ay memoire seure, conforme ces trois mouuemens aus secrettes interpretacions des trois noms des seurs fatales : car Atropos,
qui semble sinifier sans retour ou sans conuersion, est propre
au mouuement ordinaire du Mobile premier : Clotho, qu'il
interprete retour ou conuersion, sinifie le mouuement second
de la neuuieme, retournaut contre le rauissement du premier
Mobile : & le troisieme, est donné à Lachesis, qu'il entend
pour sort, sinifiant ce mouuement propre de la huitieme sphere poursuiui, ores contre, ores selon l'ordre des Signes du premier Mobile, mesmes semblant s'arrester quelquefois : comme s'il representoit au vif, l'inconstance des choses mondeines,
qui reçoiuent l'influccion continuelle de ce Ciel Estoilé, & des
autres sept, sur lesquels il commande. Ie say (reprint le Curieux) que le mouuement de la huitieme sphere ha embeson-
gné les Astronomes assez inapointablement, & que les uns
ont jugé, qu'il n'y ha qu'un Ciel, composé de diuerses s-spheres
comme de ses membres, tellement que le mouuement journallier

lier & ordinaire d'Orient en Occident, ne fait violence à aucune sphere particuliere : mais, côme membres, naturellement se meuuent auec le corps : & quant à l'autre mouuement d'Occident en Orient, il ne leur semble auoir plus d'inconuenient que celui du bras d'un homme se retirant en arriere, quand tout le corps chemine en auant : car ainsi euidemmens le bras fait deus mouuemens, le premier, comme membre du corps qui le porte en auant, le second, comme de soy membre puissant pour se mouuoir en arriere. Les autres ont nié les neuuieme, dixieme & onzieme Cieus, lesquels Platon, digne de son surnom Diuin, si autre Filozofe l'a jamais merité, n'a point imaginé : car l'Ame de Here Pamphilien ressuscité au dixieme de la Republique, n'en vid que huit : desquels le huitieme se mouuoit d'un cours hatif extremement. mesmes au Timee, & en l'Epinomide, il n'en descrit, & n'en requiert point plus : & ne semble attribuer au huitieme autre mouuement que le journallier d'Orient en Occident. Vous sauez assez que Ptolomee, apres les obseruacions de Timochare, Hyparque & autres siens deuanciers, lui preuue un contraire mouuement, d'Occident en Orient : recourant (à son auis) en cent ans un degré, tel que sont trois cens soixante au cercle diuisé. Opinion qui n'a plu à Albategne, auançant ce cours d'une presque autant & demie proporcion : c'estadire en soixantesix ans, lui faisant recourir un degré : mais Azarchele & Thebit croyent que ce Ciel Estoilé en continuant son cours toujours en mesme part, mais ores s'auançant & ores reculant, en septantecinq ans acheuant un degré, finissoit son cours en vingtetsept mile ans. Regiomontan recite d'une autre opinion ancienne, que ce cours estoit continué d'Occident contre Orient, iusques à ce que huit degrez estoient passez, puis d'une esmerueillable inconstance, retournant sur sa trasse, ainsi en octante ans s'auan-

Comparaison propre du corps humein au Ciel.

Qu'il n'y ha q̃ huit Cieus.

Diuerses opiniõs des mouuemens de la huitiemesphere.

Opinion des Hebrieus sur le mouuemēt du Ciel huitie me.

çoit d'un degré, pour se parfaire en vingthuitmile, huit cens ans. Les *Theologiens Hebrees*, coutumiers de s'esgarer en diuerses sciences (dit *Hieromnime*) connoissent en ce huitieme Ciel, outre l'ordinaire journallier, un mesme contraire mouuement que voz Astronomes : mais ils le font simple, & non inconstant, acheuant en septante ans un degré, & par vingt & cinqmile, deus cens ans l'entiere reuolucion : qu'ils recitent auoir connue, pource que les *Pilotes* (defaillant l'usage de la boussole) auoiēt lors une Estoile choisie pour leur guide, laquelle ils apperceurent changer de place peu à peu. Possible que Hermes parloit de ce mouuement, ou d'un semblable, au rapport & interpretacion d'un Iuif, quand il recommandoit à ses disciples l'obseruacion de la Nef etheree, qui monte par quatrecens ans, & descend par mesme laps de tems. La difficulté du suget (poursuiuit le Curieus) doit seruir de quelque excuse aus studieus qui se sont essayez de sauuer les inconueniens reprochables : car qui prendra garde aus obseruacions de *Timochare*, de *Hyparque*, de *Menelas*, ou *Miloe*, Geometre Rommein, de *Ptolomee*, *Albategne* & des autres suiuans, il trouuera par le second mouuement, la huitieme sphere s'estre rapportee, telle fois en soixantesix ans, comme au tems couru entre *Ptolomee* & *Albategne*, telle fois en septantecinq, telle fois en septantehuit, & octantesix, &, selon l'espreuue plus agreable à *Ptolomee*, en cent ans, d'un degré. Voyez comme *Alpetrage* couuroit l'apparence de ces deus diuers mouuemens.

Opinion d'Alpetrage sur le secōd mouue ment du Ciel huitieme.

Si bien il nous semble (disoit il) que d'un autre mouuement le Ciel se rapporte d'Occident contre Orient selon l'ordre des Signes, il n'est toutefois vray : mais auient que le Ciel n'acheue en un jour naturel de point en point son entiere circulaire reuolucion, & demeurant court d'une certeine partie insensible pour un jour, petit à petit glissant le Tems, se fait

sensible

senſible & connoiſſable, deſcouurant l'apparence de ce contre-
tour imaginé. Vous m'auez (dit Hieromnime) fait renaitre
en memoire, l'opinion des Cabaliſtes, meſmes d'un Iſhac ap-
pellé par le Roy Alphonſe de Caſtille en la memorable aſſemblee qu'il fit à Tolette, des plus excellens Aſtronomes, d'ou
ſont témoignage les euures qui ſont donnees à ſon nom, bien
qu'au jugement de pluſieurs, elles ſoient de ce Iſhac : duquel je
voulois dire l'opinion auoir eſté, que l'irregulier mouuement
de Trepidacion, acheué en ſept mile ans, & celui qui ſe fait
d'Occident en Orient, regulierement acheué en quaranteneuf
mile ans, ſont figurez par diuers paſſages de la Bible, & ex-
poſez par bon nombre de leurs Rabins, ſous l'obſeruacion du
nombre ſeptenaire, au ſeptieme jour de repos pour toutes euures d'homme : au ſeptieme An, qu'ils nommoient An de
relache, coulant lequel il n'eſtoit permis de labourer les terres,
ny d'uſer d'aucun droit de ſeruitude ſur les ſerfz : commandement, auquel Hieremie leur ha quelquefois reproché n'auoir
bien obeï : brief leur falloit tenir cet An ſeptieme entier, comme un jour de Sabat : encores il allegue le cinquantieme jour
apres leurs Paſques, le ſeptieme ſeptenaire de ſemeines acompli, qu'ils celebroient, ce que nous faiſons meintenant à la Pen-
tecoſte, mais pour autre raiſon, en ſaintes & religieuſes ceremonies : puis, bien expreſſement en l'obſeruance de l' An ju-
bileã, apres ſept ſemeines d'Annees, c'eſtadire apres quaranteneuf Ans, que le cinquantieme remettoit toutes choſes paſſees
en leur premier eſtat : comme ils croyoient que ſept ſeptenaires
de mile ans, par ſept cours du mouuement de Trepidacion
acomplis, c'eſtadire quaranteneuf mile ans, le grand mouuement regulier ſera acompli, & lors ſe fera un renouuellement
de toute choſe mondeine. En bonne foy (di je) je croy que ſans
erreur l'on ne peut ſe donner quelque aſſurance de ces mou-

c 3   uemens

Mouuemens
du Ciel hui-
tieme figurez
en la Bible.

uemens de la huitieme sphere en si grãde diuersité d'opinions:
car telle fois les moins autorisez ont plus de raison,& d'autre
part ceus qui sont honorez de plus approuuee autorité, s'esga-
rent incorrigiblemẽt en leurs discours. Ainsi, qui suiura l'opinion mieus fondee de raison, que de nom autorisé, sera dit pa-
radoxiste, & presomptueus, osant s'opposer à l'autorité de long
tems auouee. Ie vous enten bien (repliqua le Curieus souriant)
sous ombre que vous faites profession de ne croire de leger, &
de ne donner à l'autorité qu'autant de foy (dites vous) que la
raison lui en pourra permettre: vous feriez peu de conscience
de desdire Ptolomee & ceus qui l'ont suiui. Ie pourray dire
hardiment (reprins je) que Ptolomee assuré sur les obseruacions d'Aristille, de Timochare, qu'il confesse douteuses, &
sur celles de Hyparque, & de Menelas, fondees sur les premieres, peut auoir esté deceu puis que de telles leurs obseruacions, ne s'engendre egalité de supputacions, soit ou à cause de
l'inegalité ordinaire du mouuemẽt, ores plus ores moins auancé: ou pource que la verité est incomprehensible aus hommes: ou pour le presque insensible changement d'un mouuement si lent, en peu de tems tel que la vie d'un homme: ou
encores que celui, qui est passé entre leurs aages, ou possible
(pour donner la derniere & non peu receuable excuse) à
cause de l'incertitude des instrumens, qui malaisément, sinon
impossiblement, peuuent estre composez de commode proporcion, pour faire dimension juste d'une si grande masse en tant
de menues particules. De ce toutefois je m'en rapporte à ce
siecle, qui nourrit presque autant de diuerses opinions Astronomiques, comme d'Astronomes diuers. Combien (suiuit le
Curieus) que ces diuerses opinions semblent former quelque incertitude: si demeure la plus utile & necessaire connoissance,
claire en la constitucion des cercles, descripcion des images au
Ciel

Ciel huitieme, & disposicion des spheres Planetaires. Quant
aus cercles, comme l'Equateur, le Zodiaq, les Tropiques, les
Colures, les Polaires, & Meridien, ils sont imaginaires & inuentez à la commodité des demonstracions, & usages Astronomiques : comme aussi sont les images nommez, d'ourses,
de serpens, d'oiseaus, d'hommes, & d'autres animaus, voire de
fleuues, de monstres, & choses insensibles, ainsi songees par les
Grecs : qui ayans rapporté d'Egipte & des Chaldees, l'Astronomie en leur prouince, pour la se rendre tellement marquee
de propres caracteres, que jamais lon ne peut la mesconnoitre
d'eus, comme ils faisoient d'autrui, depeingnirent leurs contes
fabuleus en tant serieuse chose, qu'ils ont atteint leur but : effa-
çans à toutes autres nacions, la gloire de cette, comme encor
des autres disciplines. Il n'y ha possible (dí je) autre raison de
l'imposicion de tels noms. Quand ils n'auroient eu autre respect (repliqua le Curieus) que l'ordre requis en toute discipline, & la distinccion necessaire pour la rendre facile & com-
prenable : je ne jugerois vaine l'imposicion des noms, des parties ausquelles ils diuisoient le Ciel. Car les parties d'une diuision non nommees, que demeure il autre chose qu'une confuse
obscurité ? Toutefois autre plus subtile cōsideracion les esmeut :
car apres que par longues, curieuses, & diligentes obseruacions, de vie en vie, comme main à main, ils eurent noté de
quelle vertu chacun Signe, voire chacune Estoile nous faisoit
sentir ça bas la maitrise de sa nature : ils lui donnerent un
nom, tiré de quelque leur memorable histoire ou secrette
Theologie. Vous repentez vous (entrerompit Hieromnime)
d'auoir dit de leurs contes fabuleus ? Soit (respondit le Curieus)
si vous voulez de leurs contes fabuleus : car ils tenoient ce nom
different de fable, en mesme estime que vous certeines figures
Theologiennes, sans haine toutefois de telle comparaison. Mais
je disois

Mouton premier Signe du Zodiaq, & la raison de tel nom.

je disois, qu'apres auoir aprins de quelle influccion chacun Signe exerçoit ça bas sa puissance, ils lui attribuerent un nom propre. Receuez pour exemple, l'image, ou Signe, de la premiere des douze parties du Zodiaq, duquel les Estoiles treize (s'il m'en souuient) en nombre, non contees les cinq qui lui sont alentour, sont nommees le Mouton : Animal representant beaucoup l'efficace de cette constellacion, qui rend les hommes dediez au seruice diuin, & paisibles comme l'Animal duquel elle ha le nom. Aussi (dit Hieromnime) estoit il anciennement familier aus sacrifices : & de lui estoient par comparaison nommez les plus abstraiz & esleuez vers Dieu, mesmes l'auteur de notre salut, en cent passages de l'escriture est surnommé & brebis, & agneau. Ie pourrois (continua le Curieus) ajouter outre les autres particulieres ressemblances assurees par les Iudiciaires, un effet fort insigne, qui est obserué : c'est que par experiment prouué, le Soleil eclipsant en ce Signe, presagit sur les moutons une pestilence, mortelle & dangereuse.

Pourquoy le Moutõ est le premier Signe du Zodiaq.

Mais (lui demandáy je) pourquoy lui ont ils assigné la premiere partie du Ciel, plustot qu'au Taureau, aus Iumeaus, ou à l'un des autres Signes ? Les Astronomes premiers (respondit il) recherchans la geniture de l'An : l'ayans figuree par infinies fois, sur chacun point du Ciel, apperceurẽt, autre Horoscope que le premier point du Mouton, la verité e pouuoir estre preuue : & obseruerent, qu'ainsi que du point horoscopant (& non d'un autre) à la naissance de l'homme, l'heur ou malheur de sa vie future peut estre preuu, aussi du Soleil entrant au premier point du Mouton (& non en un autre) comme Horoscope de l'An naissant, est predite la disposicion de l'Annee. Les Mathematiciens forment encor une raison semblable. Au Zodiaq cercle du Ciel, duquel le Soleil trasse continuellement le milieu, par la ligne ecliptique

le sep

le separant egalement en deus: en ce cercle (veus je dire) nommé Zodiaq, ou imagé, ou portesigne, sont quatre points opposez
l'un à l'autre diametralement: deus desquels sont appellez Sol-
stices, ou Tropiques opposez: & les deus autres Equinocces opposez de mesmes. Il semble bien raisonnable, que de l'un de ces
quatre points, qui nous causent quatre tant insignes mutacions
de saisons, le point premier, diuiseur du Ciel, doiue estre choizi.
Mais de le prendre au Tropique du Cancre, qui est le point
plus approchant du Septentrion & esleué sur nous, il n'y ha
apparence: car la creacion requiert une chaleur moderee, &
alors le Soleil nous brule & deseiche violemment. Auec
moins de raison y conuiendroit l'opposé Tropique du Capricorne, auquel le Soleil arriué, il se fait loing du Septentrion, au
plus de son eslongnement, nous laissant en lieu de chaleur, toute rigueur de glace & de froidure. Ainsi demeure pour cette
priuauté, l'un des deus points Equinocciaus, egalans les jours
& nuits de mesme espace: desquels l'hyuernal, quand le Soleil entre au premier point des Balances, tendant du sec au
froit, semble plus s'incliner à la mort & corrupcion qu'à la
vie & generacion: plus peculiere, & naturellement propre
au Printems, l'entree duquel se fait, quand le Soleil entre au
point de l'Equinocce estiual, assigné au premier point du
Mouton, opposé aus Balances, trescommode par la temperature de l'humide, & du chaut, à la restauracion ou procrea-
cion des choses destruites ou corrompues par l'hyuer prece-
dent. Donq puis que la naissance de l'An est à ce point: il
n'a esté que tresconuenable de l'appeller le premier point du
Ciel huitieme, diuisé de tout tems: aumoins auant Platon, en
trois cens soixante parties, desquelles chacune contenant (à
l'opinion de Iule Firmique) vingtetun mile, quatre cens stades, le Ciel entier s'estend en rondeur sept milions sept cens

d   quatre

Le premier point
du Ciel huitie-
me selon lopinion
de Iule Firmique

quatre mile stades, qui sont neuf cens soixantetrois mile. Mi-
les d'Italie, estendant le Mile pour huit stades, ou mile pas.
Ie vous ennuyrois d'alonger ma parole de la descripcion ou
denombrement des douze Signes, & des Estoiles qui y sont
remarquees, & (say je bien) quelquefois considerees par vous.

Douze Estoi-
les insignes,
ministres de
l'Ame du Mõ-
de.

Les Pythagorees (dit Hieromnime) suiuis par Platon, par
les Hebrees, & par quelques uns des notres, ont crù l'Ame
du monde estendre ses offices en douze Ames particulieres,
dispersees & respandues par le Firmament en douze Estoiles
singulieres: chacune principale en chacun Signe, comme cueur
de l'Animal qui est là signifié. Et ont les Grecs estendu ce

Douze Dieus
aus douze Si-
gnes selon les
Grecs.

mistere à leur mode: logeant la premiere au cueur du Mouton, sous le nom de Pallas, confessans sous la denominacion de
cette primauté le Monde reconnoitre son commencement de
la sapiéce diuine representee par Pallas. La seconde au cueur
du Taureau, qu'ils ont nommee Venus: & ainsi selon l'ordre
commun des Signes, au cueur des Iumeaus le particulier Phebus. Aussi (dit le Curieus) l'Estoile luisante au chef du premier des Iumeaus, est nommee pour Apollon, comme celle du
second pour Hercule. La quatrieme (continua Hieromnime)
au cueur du Cancre, Mercure: au cueur du Lyon, Iupiter:
Ceres en la Vierge. Elle (dit le Curieus) en porte l'épic. Aus
Balances (suiuit Hieromnime) Vulcan. Mars au Scorpion:
Diane au Sagittaire: Vesta au Capricorne: à Ganimede, Iunon: & Neptune aus Poissons. Outre ces douze les Cabalistes
ont reconnu sept Sephiroth ou Idees de diuine lumiere, produi-
santes & gouuernantes toutes les choses du Monde inferieur,
que les Astronomes de mesme nacion attribuent aus sept
Planettes: à la diuerse influccion desquelles, ils rapportoient
les miraculeuses perfeccions, desquelles les Patriarches & Pro-
phetes estoient illustrez. De l'une, qu'ils nommoient Hessed,

que

que nous dirions Grace, ils disoiët Abraham auoir à sa naissance esté fauorisé, comme Ishac sous une autre nommee Pahad, c'ê st creinte: Iacob sous Tiphereth, ou ornement: et Moyse, sous Malchuth, signifiant royauté. Les trois autres, s'il m'en souuient, sont Nezah, ou victoire, l'influëce de laquelle agrandit Dauid: puis Hod, ou gloire, & Iessod, que nous dirions fondement. De semblable contemplacion (di je) s'entretenoient les Egipciens, constituans aus douze parties du Ciel les sieges de douze Dieus conseilliers: & les Chaldees, excellens rechercheurs des secretz celestes, asseoient en ces douze sieges douze Dieus principaus, à chacun desquelz un Mois estoit dedié: & les faisoient suiure de vingt & quatre Estoiles, desquelles douze apparentes estoient inclinees aus viuans, & les autres douze non apparentes, aus morts. Sous celles ci, ils disposoient cinq Planettes aus noms des cinq Dieus, Saturne, Iupiter, Mars, Venus, & Mercure, interpretes ou truchemens des Dieus superieurs. Il est à croire (reprint le Curieus) que les Egipciens & les Chaldees, ausquelz les Grecs doiuent plus que les commencemens d'Astronomie, auoient moins remarqué d'Estoiles connoissables, que nous n'auons meintenant, apres que si grand nombre d'hommes studieus se sont despendus en cela: & toutefois, il n'y en ha encores aujourdhui de telle infinité, que mile vingt & deus nommees, & disposees en quarante & huit Images selon Ptolomee: auant lequel Manile (qui n'a oublié les Dieus ainsi appropriez aus Signes que vous auez dit, Hieromnime) en ha descrit quarante & six. Procle en forme cinquante & deus, ajoutant à Ptolomee quatre, desquelz l'un est les cheueus ou la perruque de Berenice, logee au Ciel par Calimache, & si bien chantee par Catulle, remise toutefois aus constellacions que nous auons de lui. Vous (s'adressant à moy) en auez nommé cinquante & un en voz vers

d 2   Astron

Douze Dieus au Ciel, selon les Egipciens, & les Chaldees.

Vingt & quatre Estoiles, 12 pour les viuãs & 12 pour les morts.

Images du Ciel.

Astronomiques, qui m'ont tellement plû, que je les ay en bien
prompte memoire. En la partie Septentrionelle sont ces vingt
& quatre,

<table>
<tr><td>

L'ourse moindre.
  La grande Ourse.
Le Dragon.
Le Chartier.
La Perruque.
Berenice.
Boote, ou Arcture.
La Coronne, Septen.
La Lyre.
Hercule, ou Erigonase.
Le Serpent.
Le Serpētier, ou Ophiucus.
L'Aigle.
Le Cine, ou la Geline, ou l'oiseau.
La flesche.
Le Dauphin.
  La teste du Cheual.
Pegase.
Andromede.
Cassiope.
Cephee.
Le Triangle, ou Deltoton.
Persee.
Gorgone.
Orion.
Le Lieüre.
Le Chien.
L'auantchien, ou Procyon.
La Nef.
Le Corbeau.
La Cruche.
L'Hydre.
Le Loup.
Le Centaure.
L'Autel.
Le poisson Austral.
La Coronne Australe.

</td><td>

L'Ourse Phenicienne : & l'Ourse Caliston :
Le Dragon vigilant : le Chartier Ericthon :
Les blons cheueus vouez : & le brillant Arcture :
Ta Coronne, Ariadne : & ta Lyre, Mercure :
Entre lesquelles luit l'Image trauaillé,
Qui (lon ne scet pourquoy) s'escrie agenouillé.
Le Serpent, enlaçant le Dieu de Medecine :
L'Aigle gorgé du foye de Promethé : le Cine,
Qui deflora Leda : le Trait Herculien :
L'industrieus Dauphin, poisson Neptunien :
La Teste du Cheual : la Pegasienne aelle :
Andromede, attachee à la chaine cruelle,
Pour souffrir le tourment, qu'auoit mieus merité
Sa mere Cassiope orguilleuse en beauté :
Qui, bien qu'honteusement, aupres du Pole assise,
Pres son mari Cephee, encor sa beauté prise :
Le Triangle diuin : l'aellé Acrisien,
Portant au Ciel l'horreur du front Medusien.
Puis ces quinze en la partie Australe,
Orion, qui ne fait du Lieure craintif conte,
Suiui de ses deus Chiens d'une vitesse pronte :
La Nef qui laboura les campagnes de l'eau
Premiere sous Iason : & l'oublieus Corbeau :
La Cruche d'Apollon : & l'Hydre espouuantable :
Le Loup, sacrifié par Chiron equitable,
Sur l'Autel, témoignant l'entreprinse des Dieus,
Alors que les Titans assiegerent les Cieus :
Le Poisson Syrien : la Coronne : & le fleuue :

</td></tr>
</table>

Pres

Pres le Monstre plus grand qui dens la Mer se treuue.
Au Zodiaq, les douze Signes sont disposez en six Boreaus,
   Le Mouton lainé d'or : l'Europeãn Taureau :
   Hercule & Apollon : le Cancre ami de l'eau :
   Le Lyon Nemean : la Cereenne Gerbe :
Et en six Austraus,
   La Liure : & le meutrier d'Orion le superbe :
   Croton cher aus neuf seurs : le Mybouc froidureus :
   Apres l'Enfant Troyen : les Poissons amoureus.

   Les fables celestes (di-je) sont estendues en telle diuersité,
que la Poësie s'en peut autant richement, que gracieusement
embellir : & ne me puis persuader, que les images du Ciel
n'ayent esté par les anciens diuersement nommees : autrement
il se trouueroit des fautes inexcusables en quelques endrois des
bons Auteurs : comme j'ay prins garde en Martian Capella,
qui introduisant Geometrie, assemble les cheueus ou la Perruque de Berenice auecques le Canope, les disposant Antarti-
quement : combien que la Perruque soit entre les queues de
la grande Ourse, & du Lyon, en longitude, cent soixante cinq
degrez, quarante huit minutes, & en latitude Septentrionelle,
trente degrez : mais le Canope sous Argos, ou la Nef, pres le
Pole Antartique, en longitude, nonantehuit degrez, & en latitude Australe, septante & cinq : & que le Canope soit inuisible aus Gaules, comme il dit, mais non pas la Perruque,
qui y est vuë plus que le cueur du Lyon. Pour mieus descouurir (dit Hieromnime) que les Estoiles ont esté diuersement
nommees, je vous puis assurer qu'aucuns Iuifs n'ont figuré les
images celestes en animaus, mais selon les caracteres de leur
Alphabet : car ils appeloient la ceinture d'Orion Tau : les
Pleiades Zain, & ainsi des autres. Ie me suis essayé (reprint
le Curieus) d'excuser ce passage moins outre ce que vous dites

d 3   je n'y

je n'y voy moyen, sinon tordant le texte ou le disant corrom-
pu. Mais pour suiure ce que vous auez allegué des Chaldees,
qui nommoient cinq Planettes, seulement en leur supersticieuse Astronomie: Ptolomee, & Theon, ont esté de cette
opinion, & n'ont mis en reng de Planettes, le Soleil, ny la Lune: pource que ces deus ne souffrent telle inconstance de mouuement, que font les autres cinq surnommees Erratiques.
Platon & Aristote semblent auoir dit ceci, quand ils les ont
poursuiuies en tel ordre, que la premiere plus haute soit Phe-
non ou Saturne: la seconde Phaeton ou Iupiter: sous laquelle
Pyrois ou Mars est procheine: & la quatrieme est Venus,
en nom de Phosphore, ou Hespere: suiuie par Stelbon ou
Mercure cinquieme: demeurant ainsi le sixieme lieu au Soleil, & le septieme à la Lune. Toutefois la commune apparence, donne à Saturne, Iupiter, & Mars, les trois plus hauts
lieus: c'estadire le plus haut à Saturne, en consideracion de
son cours long & tardif: comme à Mars plus hatif le troisieme: & Iupiter plus vite que Saturne, & plus tardif que
Mars, se loge entre les deus. Ainsi sont ces trois les plus hauts,
& Venus, Mercure, & la Lune, les trois plus bas, pour lo-
ger au milieu le Soleil. Quant à leurs mouuemens, ils sont con-
tinuez d'une tant admirable & belle inconstance, voyageans
par leurs spheres, ores plus, ores moins hatiuement, d'un ordre
toutefois tant inuariablement suiui, & recommencé, que le
nom d'Erratiques, dè vagabondes, ou de Planettes, leur semble estre donné peu à propos. Considerez je vous prie de quel
miracle se meuuent Saturne, Iupiter, & Mars: premierement d'un cours commun auecques les Estoiles de la huitieme
sphere, alentour du centre du Monde en vingtquatre heures,
traffant depuis l'Orient, par l'Occident, le tour entier de
l'Vniuerselle rondeur, suiuans l'inestimable violence & ha-
tiueté

tiueté du rauiſſement du Mobile premier : maïs la conſideracion de leur propre mouuement eſt eſmerueillable, & l'in-
duſtrie non jamais aſſez louee de ceus, qui eſleuez au Ciel, on
ſceu remarquer autant qu'à l'œil (bien qu'imaginairement)
ces petites lignes circulaires, qu'ils nomment Epicicles, par leſ- Epicicles.
quels l'Aſtre chemine continuellement : & certeins grans   Port-Epici-
cercles portans & la Planette, & ſon Epicicle enſemble, d'Oc   cles.
cident en Orient, d'un mouuement inegal, & ſe fleſchiſſant,
ores contre le Septentrion, ores contre la partie Antartique,
tournoyant toutefois & chancellant ainſi par le laps d'un
tems prefix, recommencé & reſuiui en meſme meſure d'une
certeine & non fautiue reuolucion. Le centre de l'Epicicle de   Mouuement
Saturne, court tout l'eſpace du Zodiaq, auançãt par jour deus   de l'Epicicle
minutes & trentecinq troiſiemes, en vingtetneuf ans, cent cin   de Saturne.
quantecinq jours, & quelqs heures, ayant demeuré quinze ans
& quelques Mois, en la partie Septentrionelle, & quelque peu
moins de quatorze ans, en la partie Auſtrale. Celui de Iupiter   Mouuement
cheminant par jour quatre minutes, cinquanteneuf ſecondes,   de l'Epicicle
& quinze tierces, ha fait le tour entier en onze ans, trois cens   Iupiter.
treize jours, certeines heures : apres auoir couru ſix ans, &
enuiron cinq Mois, en la partie Septentrionelle, & par l'oppoſee cinq ans, pres de ſix Mois. Ce que Mars, plus hatif, &   Mouuement
variable en ſes latitudes, j'enten, quelquefois plus longuement   de l'Epicicle
Auſtral, que Septentrional, & quelquefois au contraire,   Mars.
acomplit en un an, trois cens vingtetun jours, quelques heures : s'auançant par jour, de trente & une minute, vingtetſix
ſecondes, & trenteneuf tierces. Outre ce mouuement s'en reconnoit un, que le corps de la Planette fait alentour du cercle
imaginé, ſous le nom d'Epicicle : duquel l'inegalité eſt par
certeines reuolucions reſtituee en egalité, comme vous ſauez
Ptolomee auoir diſcouru clerement : connoiſſance qui ne peut
eſtre

estre sans admiracion, tant est estrange celle diuersité. Car Saturne, je di l'Estoile mesmes, court par la rondeur de son Epicicle tous les jours, cinquantesept minutes, sept secondes & quarantequatre tierces, traffant l'entier cercle en un an treize jours & quelques heures. Iupiter s'auançant dens le sien par jour, cinquantequatre minutes, neuf secondes, & quatre tierces, le tournoye en un an, & presque trentequatre jours:

Mouuement du corps de Iupiter.

sous lequel, Mars, ne cheminant par jour que vingtetsept minutes, quarantetune seconde & quarante tierces, demeure deus ans, quaranteneuf jours à tourner le sien entierement.

Mouuement du corps de Mars.

Ainsi se meuuent ces trois par le haut de leurs Epicicles d'Occident en Orient, selon l'ordre des Signes du Zodiaq : & par le bas, retournent d'Orient à l'Occident, contre l'ordre premier : qui les fait cheminer d'un pas inegal, ores en hate, & ores lentement, & sembler quelquefois arrestees. Car alors que selon l'ordre des Signes elles suiuent en la partie haute le propre mouuement des cercles qui sont feints pour porter l'Epicicle, vous les voyez se hater, iusques à ce que descendant elles alentissent leur vitesse, & quelque tems demeurent comme arrestees, tombant presque insensiblemet en la partie basse : d'ou esmues plus visiblement, elles retournent contre l'ordre premier, recourant chercher l'endroit d'ou elles sont parties, pour cheminer encores mesmes voye, chose vrayment qui est prouuable & euidente. Car le premier mouuement, qui est

Raison des mouuemés diuers du corps des Planettes.

plus vite en la haute partie, tournant d'Occident contre Orient, selon l'ordre des Signes, est causé par deus mouuemens semblables, joints ou assemblez en un : vû que le cercle qui porte l'Epicicle, se meut contre celle mesme part que fait le corps de la Planette : qui commençant à descendre au bas de l'Epicicle, pour retourner, contre l'ordre des Signes, de la partie Orientale à son opposee, se treuue esbranlé de deus contraires

traires

traires mouuemens : l'un du Cercle, qui portant l'Epicicle,
l'entreine auec foy contre l'Orient : & l'autre fien propre, par
lequel elle tafche de fe pouffer contre l'Occident : lors elle femble eftre arreftee : car d'autant que fon Epicicle eft tiré d'une
part, d'autant elle mefmes fe retire de l'autre, jufques à ce que
defcendue en bas le mouuement du retour contre Occident, fe
fait euidemment fenfible : pource que fon mouuement en
l'Epicicle (ce qui ha lieu en Saturne & Iupiter) eft plus vite
que celui du port-Epicicle : ou pource qu'une plus grande partie du Zodiaq fe rapporte au bas, qu'au haut de l'Epicicle, à
caufe de fa grandeur, comme il eft apparent en Mars. Voire
qu'alors la Planette plus procheine de nous, eft vue plus groffe
& plus luifante : mais quand elle commence à remonter par
la partie Occidentale de fon Epicicle, à laquelle à caufe de fa
courbure en montant, une moindre partie du Ciel eft rapportee qu'au haut, ou au bas, les deus mouuemens contraires de
la Planette, & du port-Epicicle, s'entretirent tellement, que
la courfe de l'un, repouffee par la courfe de l'autre, fait fembler la Planette arreftee en cet endroit : d'ou en fin elle re-
monte en la partie haute, pour recommencer ce chemin ordinaire. Vrayment (dit Hieromnime) j'ay prins quelquefois
grand plaifir à confiderer, de quel miracle il plait à Dieu faire tourner ces trois Planettes d'un ordre perpetuel & non va
riable, tellement rapporté au mouuement folaire, qu'il doit
fembler qu'elles honorent & reuerent comme leur Roy, cette
lampe de lumiere mondeine, pour nous induire à adorer &
feruir continuellement la premiere & vraye lumiere, & la
fource non efpuifable des beautez & bontez eternelles. Car,
pour fe conioindre auec lui, elles s'eflicuent au plus haut de
leurs Epicicles, comme fe retirans pour reuerence due à leur
Roy, & toutefois fe prefentans vis à vis d'un eflongnement

e   moyen,

Refpect des
trois Planet-
tes fuperieu-
res, au Soleil.

moyen, dû à l'honneur de telle mageſté, & aſſez commode
pour receuoir, ainſi que commendemens de lui, les influences
dont elles exercent ça bas le miniſtere. Ce fait, quand apres
la conjonccion, le Soleil plus vite qu'elles, les abandonne, vous
les voyez deſcendre du ſommet de leurs Epicicles, pour d'une
ſeruiſable compagnie conduire reueremment leur Roy s'en
allant, & ainſi ſuiuent le Soleil juſques à ce qu'il ha paſſé qua
tre Signes du Zodiaq: ou elles le regardent d'un regard Tri-
gône, & là comme ayant ſatisfait à leur deuoir, le ſaluant &
prenant congé, s'arreſtent court, & le conduiſent, comme on
diroit, de l'œil quelques jours. apres leſquelz, elles commencent à s'aualler au bas de leurs Epicicles, pour donner apparence du dueil que leur apporte l'abſence & plus grand eſlongnement de ce Roy, quand il eſt oppoſé, & pour ſembler en
quelque deuocion reclamer ſon retour : duquel quand apres
l'oppoſicion elles commencent à s'apperceuoir, elles s'auancent
en hate, bien que ce ſoit contre l'ordre des Signes, pour lui ve-
nir au deuant : & d'auſſi loing qu'elles auoient prins congé de
lui, c'eſtadire de quatre Signes, le regardent, comme lui faiſant
montre de bien venue, en s'arreſtant quelque rems, pour apres
de droite courſe, ſelon l'ordre des Signes, ſe rencontrer auecques lui en la conjonccion, & d'un mouuement ordinaire, &
recommencé acommoder ainſi leur cours auec le ſien. Les

Planettes (di je) ont ſemblé à quelques anciens Aſtronomes
s'arreſter, & eſtre ſtacionnaires : quand par eſlongnement du
Soleil, elles ſe trouuoient empeſchees, comme en creinte de ſe
ſoruöyer parmi l'obſcurité de leur voye non eſclairee : ou
pource, diſoient quelques autres, que la chaleur ſolaire, comme
elle eſt puiſſante ça bas, ſelon le témoignage de noz ſens, d'attirer toutes choſes à ſoy, rayonnant d'un aſpect trigone, entreine à ſoy la Planette, ſi elle eſt pour le ſuiure : &, ſi elle
tache

tache de s'eslongner ou reculler de lui, du moins l'empesche de
courir, & l'arreste tout court. Mais auez vous point obserué,
que les Planettes gettent raiz assez clairs pour faire ombre?
Non pas (respondit le Curieus) ces trois desquelles nous par-
lions meintenant. Vrayment, cette annee (suiuis je) Iaques
Peletier estant ici, pour, en m'honorant de sa gracieuse familiarité, se refreschir, apres le trauail qu'il auoit presté à son
Euclide, partie reuoyant son Algebre, pour la donner aus
Latins, partie se recreant auec moy, selon qu'infiniz sugetz
se presentoient à nous pour filozofer ensemble: le vingt &
quatrieme de May dernier, apres la minuit, comme il put
imaginer, car en sa chambre il n'auoit aucun instrument pour
s'en assurer: apperceut Iupiter esclairant de raiz si lumineus,
que l'ombre apparoissoit. Au matin que nous fumes assemblez, m'en auertissant, je conceuz enuie de ne perdre l'ocasion
d'obseruacion si rare: aussi le soir suiuant, qui fut le vingt &
cinquieme de ce mesme mois à minuit, cette Planette, selon
les Alphonsins, estant enuiron le quatrieme degré, vingt &
troisieme minutes, ou plus vrayment, comme notent les Tables Pruteniques, au cinquieme degré, cinquante & troisieme
minutes du Capricorne vulgaire, approchant de l'opposicion du
Soleil, & que l'interlune estoit pres, pour la future conjonccion au vingt & septieme jour: nous la considerames en plusieurs sortes, rayonnante fort lumineusement, mesmes que par
une demie fenestre entr'ouuerte, elle esclairoit tellement dedens
la chambre, autrement tresobscure, qu'aisément je choizissois,
les trasses noires, & blancs espaces de quelques Tables que je
tenois, non toutefois si connoissablement que j'en susse lire les
caracteres: bien discernois je les couleurs dessus un Astrolabe, duquel l'ombre estoit rapportee contre la muraille aussi visiblement, qu'on la pourroit juger sous la Lune en l'un de ses

e 2   quarts.

quarts. En bonne foy (ajouta le Curieus) je suis aise de cette
obseruacion, qui m'est nouuelle : & la vous marque pour pre-
sage de quelque louable noueauté Astronomique, à cette
maison de Bissy. Mais vous pouuez joindre à ceste merueille,
que le mouuement, que font en un jour le centre de l'Epicicle
par le cercle qui le porte, & le corps de la mesme Planette,
par l'Epicicle, assemblez egalement l'ordinaire & journalier
mouuement du Soleil : car si vous ajoutez deus minutes &
trentecinq tierces, qui sont le journalier mouuement du centre de l'Epicicle de Saturne, aus cinquantesept minutes, sept
secondes, & quarantequatre tierces, que l'Astre trasse par
l'Epicicle mesmes, vous trouuerez cinquanteneuf minutes,
huit secondes, & dix & neuf tierces : egalant ce que recourt
de jour en jour. Le Soleil chef des autres six lumieres qui luisent sous le huitieme Ciel, & qui empruntent, sinon la clarté,
comme ha assuré Messahale, au moins la force & puissance
d'influer : opinion qui plait aus plus receuables Iudiciaires.

<table><tr><td>Pourquoy
le Soleil est
au quatrieme
Ciel.</td><td>Dauantage les Astronomes ne lui ont donné sans cause le
quatrieme rang, eu esgard qu'il semble estre naturellement</td></tr></table>

pertinent, que la Planette demeurant le plus de tems à l'acom
plissement du cours de son entiere sphere, doit estre la plus
haute : car telle demeure vient de la grandeur du cercle.
Donq Saturne doit estre sur Iupiter, Iupiter sur Mars : sous
lequel, suiuant mesme proporcion, le Soleil doit auoir place,
au milieu des sept, comme le plus beau, plus luisant, & d'efficace telle, que Ptolomee l'a surnommé source de puissance vitale : & par le cours duquel, le jour se change en nuit, les
Mois s'entresuiuent, les saisons succedent l'une à l'autre, & l'an

<table><tr><td>Diuers mou-
uemés du So
leil & leurs
effets.</td><td>s'accomplit. Car le mouuement qu'il fait auec le premier Mo-
bile d'Orient en Occident, tournoyant en vingtetquatre heu-</td></tr></table>

res la terre entierement, nous fait successiuement jouir, &

estre

estre priuez de sa lumiere, par les jours & les nuits qui s'entrechassent continuellement. Et le mouuement, duquel de soymesmes il se repousse au contraire, d'Occident en Orient, fait changer l'Hyuer en Printems, le Printems en Esté, l'Esté en Automne, & l'Automne en Hyuer : & fait les jours un tems moindres que les nuits, puis autrefois plus grans, selon l'ordre de cent octantetrois points, desquelz l'un apres l'autre il se lieue dessus notre Horizon. Aussi defaillant cette belle inconstance de mouuemens, l'imitacion desquelz Plutarque rapporte en comparaison d'un prudent administrateur de Police, si, veus je dire, le Soleil passoit toujours par une mesme partie du Ciel : les regions qui lui seroient dessous, brulees & desseichees par la continuelle ardeur, demeureroient steriles & inhabitables : & les autres, ausquelles jamais sa chaleur ne seroit communiquee, glacees de froidures, que pourroient elles produire pour la vie des animaus, mais comme pourroient, mesmes les animaus, y souffrir l'air, ou prendre nourriture ? N'est il pas euident, que tel defaut seroit insuportable aus regions eslongnees du Soleil, & tireroit Dieu en soupson, ou d'impuissance, pour n'auoir pù : ou de cruauté, pour n'auoir voulu : ou d'imprudence, s'il auoit oublié de communiquer à toutes terres quelque part de tant rare & excellent benefice? Mais la prudence eternelle y ha diligemment pouruu : qui, pour ne laisser aucun endroit ny de Mer ny de Terre inhabitable, ou vuide d'animaus, ha fait à tout le globe inferieur, part de la viue vertu de ce bel Astre, lui donnant un propre mouuement d'Occident en Orient, poussé un tems contre le Septentrion, & un autre tems contre le Midi, sous la ligne Ecliptique, qui fend entierement en deus le Zodiaq, duquel la courbure est fléchie de tant admirable art, que toujours six Signes sont visibles sur la terre, & les autres six, non, com-

Ligne Ecliptique au Zodiaq.

e 3　　bien

Cercle du Soleil.

bien que diuersement. Car le cercle qui porte le Soleil ayant un autre centre que celui du Monde, est plus prochein de la terre d'une part que de l'autre : tellement que depuis l'Equinocce du Mouton, cōmençant le Printems, iusques à l'Equinocce des Balances, commençant l'Automne, le Soleil est plus eslongné de nous, que lors qu'il passe par les Balances, tendant au Mouton : inegalité, qui fait apparoir son mouuement plus lent aus Signes estiuaus, qu'aus hyuernaus : pource qu'en ceus là, ou il demeure cent octante sept jours, il ha plus à faire de chemin, qu'aus hyuernaus, lesquelz il passe en cent septan-

Raison de la chaleur diuer semét engendree par les raiz du Soleil.

tehuit jours & presque six heures. Encores nous aprend ceci, que la chaleur n'est causee par l'aprochement du Soleil, mais seulement par la refleccion de ses raiz. Car quand il est esleué au Cancre, plus eslongné de nous qu'aucun autre Signe, nous le voyons, peu s'en faut, vertical & rayant en pointe sur noz testes, dardant presque perpendiculairement ses raiz : qui renforcez par la refleccion, eschauffent plus viuement : & quand il est au Capricorne, sa procheineté nous eschauffe tellement quellement, & les raiz gettez en flanc, passent vainement, &

Mouuement du Soleil.

à faute de refleccion demeurent presques sans effet. Dóy je allonger notre discours de la particuliere descripcion de son mouuement, par lequel il chemine tout le Zodiaq en trois cens soixantecinq jours cinq heures & quelques minutes? Les opinions des obseruateurs sont diuerses : aucuns lui donnent par jour cinquanteneuf minutes, huit secondes, dix & neuf tierces, & diminuent cette curiosité jusques aus septiemes, combien que Ptolomee acorde seulement cinquanteneuf minutes, huit secondes, dix & sept tierces, & quelques quartes, cinquiemes, & sixiemes, pour lui prescrire le cours d'un Mois Egipcien, en vingt & neuf degrez, trente & quatre minutes, outre quelques autres parties jusques aus sixiemes. Ceci ap-

partient

partient à la diligence des *supputacions* Astronomiques, auec
lesquelles je m'assure que vous auez noté, de quelle merueille se
meut son point plus esleué & eslongné de la terre, que les Anciens ont nommé Apogee, comme son opposé & plus prochein
de la terre, Perigee : & que cet Apogee du tems de Hyparque, au rapport de Ptolomee, qui le jugea immuable pour l'a-
uoir à son auis rencontré en mesme lieu, estoit enuiron trente
minutes dedens le cinquieme degré des Iumeaus, & l'an mile
cinq cens quinze, Copernic l'obserua au sixieme quarante minutes du Cancre : depuis ceus qui apprennent sa reformacion,
le mettent à la fin du huitieme degré du Cancre pour l'An
mile cinq cens cinquante & un : ou se peut reconnoitre la
plus grande difficulté de cette discipline, pource qu'il faut fonder raison de grande chose, sur certeins petis, & presque non
choizissables mouuemens de ces approches ou eslongnemens
Solaires. Ie ne parle de l'eslongnement qu'il montre s'esleuant
par le Midi dessus un particulier Horizon, selon lequel quãd
il est plus prochein des Austraus, il semble estre plus eslongné
de nous : mais j'enten de celle hauteur, en laquelle il est plus
eslongné du centre de la terre uniuersellement : laquelle est
baissee, à l'auis de plusieurs Astronomes de ce tems, depuis
l'obseruacion faite par Ptolomee, après Hyparque, de neuf
mile neuf cens septantesix lieues d'Allemagne. Et vrayment (di je) vous oyant discourir cette diuersité, me vient en
memoire l'epithete que Homere donne au Soleil, le surnom-
mant quelquefois ἀκάμας, que possible nous dirions infatigable : d'ou il semble que Homere eust connu que telz mouuemens sont ordinaires, & non passions nouuelles au Soleil,
qui jamais ne peut estre lassé. Vous sembleroit il point que
Vergile (repliqua il) eust pensé le contraire, quand il fait
chanter à Iopas la Lune errante, & les trauaus du Soleil?

auquel

auquel Ouide fait raconter ſes peines & ſa peur au voyage
du Ciel? Il y ha (ajoutáy je) grande difference entre trauail-
ler, & ſe laſſer : ou entre laborieus, & las. Quel Dieu chante
l'antiquité auoir eſté plus laborieus & trauaillant, juſques au
prouerbe, que Hercule? & toutefois, du conſentement de tous,
il ha merité & aquis le ſurnom d'inuincible & incapable de
ſe laſſer, ou ſuccomber au labeur : choſe que Vergile vouloit
exprimer, ne parlant que du mot Labeurs. Car Ouide, à ſa
mode, ſe fait trop leger en choſes ſerieuſes Filozofiques, &
Naturelles, comme en aſſez d'autres lieus il lui eſt reproché:
toutefois je penſerois qu'il euſt voulu repreſenter paſſionnaire-
ment le mouuement, duquel le Soleil s'auance plus lentement
au Solſtice eſtiual, ou aupres du Midi ordinaire, qu'il eſt plus
haut deſſus notre Horizon, comme en lieu plus dangereus, &
meritant auec plus de reſpect regarder à ſeurté : d'ou eſt rapportee une comparaiſon à la diſcrecion d'autant plus requiſe
au Prince, qu'il ſent s'accroitre de grandeur & hauteſſe: imi-
tant le Soleil, qui eſtant en ſa plus grande hauteur, porté par
les Signes Septentrionaus, ſe meut lentement : pour, par ſon tar
dif mouuement, à ſon cours aſſoir plus d'aſſurance. Si les deus
lumieres celeſtes (ajouta Hieromnime) eſtoient paſſionnables,
ce ſeroit d'horreur de voir ça bas aus raiz de leurs clartez,
tant d'execrables impietez commiſes, que le Soleil en ſouffre

tous les jours, injures & blaſfemes des Apharantes, comme
blamé d'eſclairer à noz vices. Mais j'aſſeurerois plus vrayment, que ny l'une ny l'autre ſentent aucun trauail : & que
ſans peine ils tournoient alentour de nous, ſelon leur deuoir,
obeiſſans à l'ineuitable & puiſſante volonté de leur Createur,

qui nous fait jouir de la lumiere de ces deus flambeaus, diuers
& d'office & de puiſſances : à fin que par la conſideracion
d'eus, nous entrions en connoiſſance de nous meſmes : car le
Soleil

Soleil luisant d'une sienne, propre, naturelle & perpetuelle
clarté: & se mouuant en certein & ordinaire cours, nous de-
peint l'immortelle & meilleure partie de nous, estre luisante
de soy: & non le corps, qui d'une fragilité mortelle suget à
infinies alteracions & mutacions ordinaires, est ressemblant
à la Lune, qui luit inconstamment & seulement de lumiere
empruntee. Cest (reprint le Curieus) chose confessee, qüentre
toutes les Estoiles le Soleil est le plus beau, & plus proufitable
aus humeins: ocasion qui meut Homere, auec la plus grandé
partie des Orientaus, de l'estimer estre un Dieu souuerein: qui
resueilla un grand nombre de Filozofes anciennement, en la
consideracion de sa substance, de sa forme, & de sa grandeur.
Platon l'appeloit un feu celeste, un Astre animé, un animal
eternel: & Aristote l'estimoit estre d'une cinquieme matiere.
Plusieurs ont discouru vainement, comme Anaximandre,
qui le croyoit estre en forme d'une roue de chariot, ayant au
milieu un bouton creus, & plein de feu, duquel nous voyons
la lumiere, & sentons la chaleur. Anaxagore Clazomenien
fut puni de mort par les Atheniens, pource qüil auoit dit le
Soleil estre une pierre embrasee: ce que croyoient Metrodore & Democrite: si mieus ne sembloit dire, que cestoit une
boule de fer brulante. Xenophane pensoit que ce fut un amas
de petis feus assemblez, & nourris de vapeurs humides, en
forme de nuee enflamee. Philolas Pythagorien le comparoit
au miroir, ou au verre, & disoit qüil receuoit du feu celeste
la splendeur, laquelle nous le voyons rayonner ça bas. Mais
Empedocle assuroit qüil y auoit deus Soleils: pour ne donner
autre rang aus ridicules, qui pensoient tous les jours en naitre & esteindre un noueau. L'un de ceus d'Empedocle, est
la pure & premiere substance du feu en l'autre Hemisphere:
l'autre, cetui notre visible, comparable à un miroir, qui par

f   emprunt

Forme du Soleil.

Grandeur du Soleil.

emprunt reçoit la lumiere seconde de laquelle ce Monde est
esclairé. De lui donner autre forme que la ronde, ce seroit res-
uer auec Anaximene & Heraclite, & s'opiniatrer contre les
demonstracions Mathematiques : bien est sa grandeur de
plus diuerse recherche : car Epicure ne la lui estendant plus
d'un pied, au moins ne le croyant estre plus grand que nous le
voyons, est moqué de Cleomede. S'il est (disoit Cleomede) de
telle grandeur qu'il appert à noz yeus, il est donq de plusieurs
differentes mesures, vù qu'il se montre plus grand couchant,
& leuant, que non pas au midi : mais puis qu'il est trop certein, qu'il ne se lieue à mesme heure sur toutes regions : & se
leuant à nous, qu'il fait midi à quelques autres, & se couchant à nous, qu'il est leuant ailleurs : un inexcusable inconuenient naist, qu'à mesme moment il soit de deus mesures, plus
grand & plus petit. Cet argument toutefois semble peu ner-
ueus : & respondroit on pour Epicure, que nous voyons le Soleil leuant & couchant à notre Horizon, par un air espaiz &
humide, à cause des vapeurs qui occupent ordinairement la
basse region aëriëne. Parquoy les raiz de notre vuë refleschis,
&, comme on diroit, repliez, le font apparoir plus grand qu'il
n'est, comme s'espreuue aus corps qui mentent leurs grandeurs
dedens l'eau : mais au midi nous le voyons par la plus pure
region de l'air, qui ne trompe noz yeus par telles vapeurs entremises. Raison suffisante, pour descouurir la cause, de ce
qu'un Astre leuant sur l'Horizon, nous semble plus eslongné,
qu'estant esleué contre la ligne Meridionelle : car d'autant que
l'entredeus, des yeus, & de la chose vuë, est espaiz, d'autant
semble la chose vuë plus grosse & plus lointeine. Tellement
que, de l'opinion de Possidonie, si quelque autre Lyncee regar-
doit le Soleil par le trauers d'une muraille, ou d'autre corps
solide, il lui sembleroit & plus gros, & plus loing. Toutefois
telles

telles apparences n'ont pù deceuoir l'homme, qui non content
de l'humein & terrestre partage, s'est par sa gentile curiosité
auancé jusques au Ciel, pour en rapporter ça bas des raisons
celestes & eternelles. Et ce (entrerompit Hieromnime) possible à son dam, trop curieusement : puis que lui seul est pourueû
d'esprit capable pour connoitre tant excellent ordre de Nature, poursuiui uniuersellemēt en autant d'inclinacions innombrables, qu'il y ha de simples corps hors toute supputacion : je
di inclinacions toutes tendantes à l'obeissance du Createur, qui
les ha chacune ordonnees à l'execucion de certein deuoir, auquel elles sont continuelles infatigablement, & neanmoins
l'homme aueuglé, connoit tant ailleurs, qu'en soy il oublie toute accion de grace à Dieu : mesmes, tant il est peruers, desac-
corde les consonances, & confond la Harmonie, de laquelle il
pouuoit tenir une partie. Il s'est trouué (& veuille Dieu que
cet aage n'en nourrisse point un) entre les Anciens telz rechercheurs de raisons, reseruees seulement à Dieu, qui rebelles
& desobeissans, ont voulu arracher d'entre les genous diuins,
comme ils parlent, non seulement les causes coulees, aus corps
inferieurs, mais encores forcer les Destins & plus secrettes vo-
lontez eternelles : combien que leurs faus Dieus & priuément
& publiquement prodigues d'Oracles & responses sur tous
autres affaires, leur ayent tenue cette partie secrette & inconnue : au moins ne se treuue il, que je sache, un seul Oracle
respondu sur la discipline qui recherche & mesure les Cieus,
si le fameus mensonge de doubler le cube, n'est allegué ici. Ie
croy bien (reprint le Curieus) que leurs Prestres & Pontifes,
qui jouoient sous la cortine le personnage de ces Dieus impo-
steurs, ou en estoient ignorans, ou aymoient de leur faire peur,
sous couleur de quelques Eclipses & obscurcissemens de luminaires celestes, autremēt peu espouuantables, la cause estant

f 2   connue.

connue. Et quand ainſi ſeroit que les Diables ſe ſeroient em-
peſchez de telles impoſtures, je prendrois pour notre auantage
leur recellement , de ce dont veritablement nous eſtions bien
capables : & deuons meintenant pluſtot nous resjouir & con-
ſoler en l'excellence de notre connoiſſance eſleuee ſi haute-
ment , que de plorer la baſſe condicion de notre indinité, d'autant vile , que nous laiſſons la plus digne & ſpirituelle partie
de notre Eſſence non exercee , en ce à quoy elle eſt propre &
docile. Ce que je di (repliqua Hieromnime) eſt adreſſé à ceus,
qui, en s'acheminant aus raiſons naturelles, s'eſgarent du chemin de la vraye connoiſſance de Dieu, & tombent en opinion
de l'abſolue puiſſance du Deſtin, ou de fortune, non que je forme un meſpris de ceus, qui d'une honneſte & vertueuſe diligence s'exercent aus ſciences pour apprendre la verité des choſes : & de ce qu'ils en ont rencontré, rendent graces à Dieu,
tenant & reconnoiſſant tout reueremment de lui, à qui il
plait par l'ayde de telle connoiſſance leur deſcouurir ſa lumiere. Car je ſay que le ſaint Profete, Poëte des Hebreus,
eſtoit treſconnoiſſant de toutes diſciplines, meſmes de l'Aſtronomie : ce que lon peut recueillir par grand nombre de vers,
qui chantent les mouuemens des Cieus, le cours du Soleil, &
le miraculeus & ſuſpendu balancement de la Terre immuable. Ie ne ſay (dit le Curieus) ſi vous blameriez les anciens qui
ont oſé aſſeurer quelle grandeur ha le Soleil : mais ſi ne peut
on leur nier une grande louenge : meſmes à Ptolomee, qui de-
montre aſſez probablement, que le Soleil eſt preſque cent ſep-
tante, ou du moins cent ſoixanteſix fois plus grand que la
terre : & plus que la Lune, enuiron ſix mile ſix cens quarantequatre fois, comme la Terre eſt plus grande que la Lune plus de trenteneuf fois. Nicolas Copernic (pour laiſſer les
diuerſes opinions d'Anaximandre, Anaxagore, Heraclite,
& quel

& quelques autres) auec mesme labeur donne le Soleil plus grand que la Lune six mile neuf cens trentehuit fois : & la Terre, plus que la Lune, quarante & trois fois, & plus : & le Soleil plus grand que la Terre, cent soixantedeus fois un peu moins. Il est vray que l'ignorance de la proporcion du Diametre à la circonference affoiblit leurs hypotheses : mais toutefois, au reste, l'ayde des instrumens & Clepsidres, & la science des ombres, & l'obseruacion des Eclipses, laissent une grande apparence de verité approchee. Car à vous confesser ce que j'en pense, la contrarieté de leurs dimensions me contreint de ne leur donner encores foy entiere : non plus que du mouuement des deus autres Planettes, Venus, & Mercure, disposees ce semble pour la garde du Soleil : lequel, comme dient les plus autorisez Astronomes, elles n'eslongnent que bien peu, assauoir Venus un Signe & demi, ou pour le plus deus Signes, & Mercure bien peu plus d'un Signe : tournoyant & l'un & l'autre sans cesse alentour de lui, & l'acompagnant en tel ordre, que le centre de leurs Epicicles ha recouru tout le Zodiaq en mesme tems que le Soleil : differemment toutefois, selon les differences du mouuement du corps de la Planette, par la trasse de son Epicicle. Car Venus s'auance chacun jour de trentesix minutes, cinquante & neuf secondes, & quelques tierces, acheuant toute la circonference de ce sien Epicicle en cinq cens oct̄antetrois jours, & un peu plus de vingtetdeus heures : & ce, comme Saturne & les autres deus, selon l'ordre des Signes par la haute partie, & au contraire par la basse : condicion propre à Mercure, qui passant par jour trois degrez, six minutes, & vingt & quatre secondes de son Epicicle, ha tournoyé l'entiere rondeur en cent quinze jours, vingtetune heure & moins de demie. Mais de quelle miraculeuse inconstance se meut son Epicicle, qui sus un centre muable, fait un

Mouuemens des Epicicles de Venus & de Mercure.

Mouuement du corps de Venus en son Epicicle.

Mouuement du corps de Mercure en son Epicicle.

Mouuement de l'Epicicle de Mercure.

f 3 *tour*

tour en figure ouale, & non pas un cercle rond comme les
autres quatre? Vous sauez assez combien difficilement les
Astronomes sont empeschez à la preuue de ses mouuemens,
& comme les places de lui & de Venus sont diuersement as-
signees: l'un, comme Alpetrage, asseant Venus sur le Soleil,
& Mercure dessous: & l'autre au contraire. Encores depuis
les plus anciens, aucuns les ont logees l'une & l'autre dessus,
& quelques autres dient, qu'elles embrassent le Soleil auec
leurs deus Epicicles, tellement qu'elles se peuuent rencontrer
ores dessus, & ores dessous. Il me souuient d'auoir noté l'opinion d'un, qui dispose ces trois, le Soleil, Venus, & Mercure,
en forme de trois cercles enchainez, comme on diroit, l'un en
l'autre: tellement que la plus haute Planette peut quelquefois estre la plus basse: & la plus basse, haute, & celle du milieu, plus basse, & plus haute. Toutefois Mercure nous est peu
visible, tant pour l'empeschement des espesses vapeurs qui trou-
blent la ligne de notre vuë visante à l'Horizon, qu'à cause de
son ordinaire demeure aupres du Soleil, duquel vous sauez la
grande splendeur effacer toute autre qui l'approche: ou de sa
declinacion outre l'Ecliptique contre la partie Meridionelle,
en laquelle il se fleschit ordinairement. Laissant toujours du
coté Septentrional Venus si grande, & si claire, qu'à ses raiz
les corps font ombre: car par sa declinacion elle s'eslongne en
telle distance du Soleil, qu'il ne peut l'obscurcir par sa lumiere: & neanmoins l'acompagne si fidelement, qu'elle se voit
souuent leuee le matin auant lui: quelque autre tems, elle le
suit le soir de pres: & le reste, elle demeure en conionccion:
voire qu'il auient, aus regions beaucoup sereines, qu'à cause de
sa latitude Septentrionelle, & de la vitesse admirable de laquelle elle court en son Epicicle, elle est vuë le soir à l'entree
de la nuit suiure le Soleil: & le matin, celle mesme nuit finie,

s'estre

seʃtre auancee, tellement qu'elle ſe voit deuant. Et vrayment il eʃt croyable que les declinacions contraires de *Mercure* Meridional, & *Venus* Septentrionelle, ſont ordonnees d'une eſmerueillable prouidence, à fin qu'elles ne ſe rencontrent inclinees enſemble à une meſme partie du *Monde*. Et principalement *Venus* eʃt eʃtendue outre les bornes du *Zodiaq*, la part de Septentrion, pour rendre la partie de la *Terre*, diſpoſee aus plus froides regions, habitable : & là, par ſa ſecrette vertu, eguillonner à generacion les animaus, & leur moyenner en la terre, & en l'air, quelque nourriture par ſa beninité. Car cette *Planette* eʃt pourueüe de grande puiſſance à l'ayde que requierent ſucceſſiuement, la corrupcion tendante à la generacion, & la generacion tendante à la corrupcion : euure auquel ſont appellees les autres *Planettes*, apres le *Soleil*, auquel trop euidemment la premiere autorité eʃt donnee, & la ſeconde à la *Lune*. Car ſi l'utilité du *Soleil* nous eʃt prouuee par les inſignes changemens des ſaiſons, & par ſa chaleur vigoureuſe, qui nourrit & rend fertile la terre, & expreſſement les plantes & les animaus : toutefois defaillant la temperature que la *Lune* par ſon humidité donne à celle extreme chaleur, comme vous ſauez que le chaut, & l'humide, ſont ſource de la vie, ce monde Elementaire ſeroit incontinent deſſeiché. Auſſi pour cette raiſon ſe voit le corps *Lunaire* tant de fois au cours d'un *An*, recourir tout le *Zodiaq*, ſe rencontrant auec ſi grande commodité en *Signes* propres pour s'oppoſer au *Soleil*, qu'en Hyuer il choizit les *Signes* eʃtiuaus, & l'Eʃté les hyuernaus, pour temperer l'extremité de ces deus qualitez, & regetter ça bas auec admirable temperature les raiz empruntez du *Soleil*. Donq l'opinion d'*Anaximandre* (di je) & d'*Antiphon*, & des *Pytagoriens* qui lui donnoient une propre lumiere, ne vous ſemble vraye. I'auouerois pluʃtot

celle

Declinacion de Venus & Mercure.

Raiſon de la Septentrionel le declinacio de Venus.

Puiſſance du Soleil & de la Lune au Mõde inferieur.

Vtilité de l'inconſtance de la Lune.

Si la Lune luit d'empruntee ou de propre lumiere, & de ſa forme.

celle de *Thales* (reſpondit il) qui diſoit ſon luſtre eſtre prins
du Soleil : ou d'*Ariſtarque Samien*, qui la comparoit à un
miroir. *Cleomede* & *Beroſe* (reprins je la parole) ont ſemblé
approcher la verité, diſans que le corps de la Lune eſt rond en
forme de boule : blanche d'un coté, & bleuë de l'autre : & que,
ſelon qu'elle approche le Soleil, ſa partie blanche, comme par
une ſecrette & naturelle proprieté que la lumiere ha d'atirer
la lumiere, ſe contourne contre le Soleil, ne nous laiſſant voir
qu'autant de ſa blancheur, que la proporcion de ſon contour-
nement le permet, juſques à ce que toute tournee vers le Soleil
qu'on la dit eſtre en conionccion, ſa partie bleuë & non relui-
ſante, eſt tournee deuers nous, & alors elle nous eſt inuiſible :
puis eſlongnãt le Soleil, retourne toujours ſa blancheur contre
lui ſelon ſon eſlongnement, de telle ſorte que, lui eſtant oppoſee,
ſa face blanche nous eſt viſible entierement. Le grand *Baſile*
(dit ʒieromnime) en ſon *Hexaemere*, aſſeure le corps de la
Lune eſtre non ſeulement de grande grandeur, mais encores
le plus reſplendiſſant du Monde apres le Soleil. I'ay noté (reprint le (urieus) une autre opinion, que la lueur de la Lune
meſlee auec celle du Soleil, nous rend la clarté nocturne de laquelle nous remercions la Lune, qui nous eſclaire, non pas
proprement de ſoymeſmes, mais par participacion du Soleil :
& n'eſt ſans doute, ſi la Lune eſt eſpeſſe & obſcure, ou rare &
luiſante, ou bien tranſparente. Mais ſoit elle de tout ſon corps
capable d'eſtre illuminee, & par ainſi toujours luiſante à moitié ſelon qu'elle fait viſage au Soleil : ou ſoit elle toujours illuminee de plus de ſa moitié, comme il auient quant les corps
illuminans ſont plus grans que les illuminez : ou ſoit elle eſpeſſe & opaque d'un coté, ainſi qu'il nous appert en ſa conjonccion, que la partie de ſon corps tournee contre nous, eſt obſcure, eſtant l'autre, qui nous eſclaire en face pleine, reſplendiſſante &

te, & comme de substance rare & subtile : ou soit elle par
tout son corps, en partie polie comme un miroir, & preste à
receuoir les raiz solaires : & partie raboteuse & mal polie:
ou en partie transparante, & tant sutile que les raiz du Soleil penetrans jusques en la profondeur de son globe, ne peuuent par refleccion nous estre regettez, comme ils sont de sa
partie espesse, & polie solidité : ainsi que nous semblent montrer les taches dont elle est marquee : pour ne croire que ce
soit l'image de la terre celle part representee. Soit, veüs je dire, telle que lon voudra de ces opinions choizie : si ne la voyons
nous jamais lumineuse : qu'autant que son tournoyement la
dispose proprement pour estre illuminee du Soleil. Autrement quelle raison se pourroit rendre de tant de diuerses figures, desquelles elles se montre à nous, ores cornue, ores en
demicercle, & ores ronde ? Ie penserois superfluement estendre ma parole, l'alongeant de la descripcion des cercles imaginez en facile demonstracion de ses mouuemens : & sauez assez
que de ses cinq cercles, celui qui est approprié aus nœuz du
Dragon, qu'ils nomment Teste en la partie Septentrionelle,
& Queue en la Meridionelle, s'auance d'Orient en Occident,
contre l'ordre des Signes, trois minutes, dix secondes, & vingt
& huit tierces : c'est adire passant l'entier Zodiaq, en dixhuit
ans, deus cens vingt & six jours & quelques heures : & que
les deus, que lon feint porter celui, auquel est descrit l'Epicicle,
trassent au Zodiaq cõtre l'ordre des Signes, chacun jour, onze
degrez, douze minutes, & quelques secondes, pour le passer
entierement en trentedeus jours, trois heures, & pres de cinq
minutes. Et le quatrieme cercle, auquel est feint l'Epicicle,
rapporte d'un regulier mouuement d'Occident en Orient selon l'ordre des Signes, le centre de l'Epicicle, chacun jour
treize degrez, dix minutes, & trentetcinq secondes, acheuant

tout

tout le Zodiaq en vingtetsept jours, sept heures & quarante
& trois minutes. Le mesmes corps de la Lune chemine en
son Epicicle par la partie haute, contre l'ordre, & par la basse
selon l'ordre des Signes, traßant chacun jour, treize degrez,
telz que sont trois cens soixante en l'entiere rondeur de l'Epicicle : plus trois minutes, & cinquantequatre secondes, pour
acheuer le tour en vingt & sept jours, treize heures, dixhuit
minutes, recommençant ces diuers mouuemens accomplis enuiron de dixneuf en dixneuf ans Solaires. Mais ce qui ha
plus estonné les hommes, ha esté l'horreur de l'Eclipse, paf-
fionnant la Lune, s'il faut ainsi parler, quand elle paße en un
point de la ligne Ecliptique opposé au Soleil diametralement,
que lors la terre entremise, l'empesche de receuoir lumiere du
Soleil : lequel aussi nous semble souffrir Eclipse, quand la Lune rencontree entre lui & nous, nous couure sa clarté : accidens vrayment naturels, toutefois de trop digne marque
pour estre estimez sans quelque signifiance. Aussi les Egipciens (dis je) remercians à la Lune toute mondeine generacion, & l'estimans masle & femelle, d'un secret mistere disoient au tems de l'Eclipse Lunaire, qu'Osiris estoit getté en
l'Arche. Non sans cause (ajouta le Curieux) elle estoit en telle
estime entre eus : car si l'influence du Ciel, & des Astres est
confessee donner effet ça bas : la Lune plus voisine & qui
voit procheinement sous sa concauité les quatre Elemens, ne
peut estre sans bien grande puißance : Et semble que son hatif mouuement soit ainsi ordonné, pour suffire continuellement à la neceßité que nous auons d'elle : & que les autres
Astres plus eslongnez, diligentent moins leurs cours, comme
moins utiles au Monde inferieur. Car il peut sembler que les
cercles plus vites soient les plus procheins de la terre, vû que
Saturne fait son cours plus long que Iupiter : Iupiter, que
Mars :

Mouuement du corps de la Lune.
Eclipse Lunaire.
Eclipse Solaire.
Pourquoy les mouue-mens des plus hauts Cieus sont les plus tardifs.

Mars : Mars, que le Soleil : & ainſi des autres. De telle diuerſité eſt alleguee cette cauſe d'aſſez viue perſuaſion. Le Mobile premier ſe meut d'un cours extremement vite d'Orient
en Occident, tirant par ſon mouuement apres ſoy, tous les cercles inferieurs, qui de leur propre mouuement contrarient,
pour tourner d'Occident contre Orient : tellement que les plus
eſlongnez ſont rauis & tirez moins violentement par le premier Ciel, & par ainſi en moins de tems acheuent leurs cours
contrariant : mais les plus hauts & procheins, ſentent plus
violente empeſche, & ſont plus violemment attirez : parquoy
leurs propres mouuemens ſont plus tardifs. La Lune ſert
d'euident exemple pour les eſlongnez & bas : & Saturne pour
les procheins & hauts : & ainſi ſelon l'eſlongnement ou approche de ce grand Ciel, les ſpheres diſpoſees au milieu des deus
extremes, Saturne, & la Lune, font, ou plus ou moins hatiuement, leur cours ordinaire, retournant d'Occident contre
Orient. I'auois crù (dis je) que les cinq Planettes, & les deus
luminaires ſe meuuent d'une egale viteſſe, & que celles ſemblent ſe hater le plus, qui ont moins à faire de chemin. Car ſi
Saturne, & la Lune auoient fait change de Ciel, vous verriez
Saturne acheuer ſon cours en moins d'un mois : & la Lune
demeurer au ſien, plus de vingt & neuf ans. Tellement que
combien qu'ils cheminent d'un pas egal, toutefois la plus grande rondeur eſt courué plus tard que la moindre : par argument du cinquanteſixieme Theoreme, & cinquanteſeptieme
propoſicion des Optiques d'Euclide : & en exemple du formis
allegué par Vitruue, & pluſieurs autres. Cela (reprint le Curieus) engendreroit opinion, que les corps des Aſtres ſe meuuent à part : contre ce qui eſt confeſſé, qu'ils ſont attachez, &
fichez, ſans aucunement ſe mouuoir, dens les Cieus qui les
portent, en tournoyant inceſſamment. Car puis que le mouue-

Si les Eſtoi-
les ſont atta-
chees au Ciel,
ou ſi elles ſe
meuuent.

g 2   ment

ment est tant euident, qu'il ne se peut nier: il faut ou qu'il nous
apparoisse, pource que la Terre se meut, & que les Cieus &
les Astres ne bougent, selon l'opinion du Siracusien Nicete,
de Heraclide Pontique, d'Aristarque, & autres conueincus
& estimez auoir friuolement soutenu cette opinion: ou que
des Estoiles & des Cieus, l'un se meuue, & l'autre ne bouge: ou
que tous deus fassent le mouuement, c'est adire que les Cieus se
meuuent, & les Estoiles aussi: comme si vous feigniez un
homme tant haut sur jambes, qu'il pust aisément toucher terre des pieds, & courir aussi vite qu'un cheual qu'il auroit dessous soy. Opinion confutee par Aristote, qui ayma mieus croire que les Estoiles estoient fichees aus Cieus. Car si elles se
mouuoient dens les Cieus, il faudroit qu'en se mouuant elles
dessirassent, & fissent force à la substance Celeste, pour se faire passage & couler dens elle comme les poissons dens l'eau:
qui seroit donner au Ciel une souffrance de corrupcion comme
elementaire, de dire que les Estoiles se meuuent entre les spheres: ou il faut que lon imagine l'espace, par lequel elles font ce
mouuement, estre vuide, chose que Nature abhorre: ou bien
rempli de quelque substance, passible d'estre rompue, & dessi-
ree: inconuenient autant impertinent que le premier: tellement qu'il reste necessairement, que les Estoiles sont immobiles d'elles mesmes, & qu'elles sont portees des Cieus, seulz ou-
uriers du mouuement que nous voyons. Encores (ajoutáy je)
ne vóy je inconuenient qui empesche de croire que les Estoiles
se meuuent: & que la matiere etheree soit liquide ainsi que
l'air ou l'eau, & non solide ainsi qu'un verre ou un cristal.
Hieromnime ayant dit qu'Esaie Profete l'auoit ainsi crù par
conjecture de sa comparaison du Ciel à la fumee. Car (conti-
nuáy je) s'il y auoit huit Cieus solides embrassez l'un de l'autre, auec quelle transparence, vù leur profondeur & espesseur

imme

immesurable, se pourroient voir le second, le tiers, & les autres plus eslongnez de nous? I'enten que le Ciel est une nature
liquide, outrepassable, ou, pardonnez moy ce mot, permeable,
simple & pure, plus sans comparaison que les Elemens : de
l'ordinaire transformacion & mutacion desquelz, elle est af-
franchie entierement. Tel me semble ce Ciel, dens l'espace duquel, comprins depuis la concauité qui contient les Elemens,
jusques à la derniere conuexité embrassant le Ciel Estoilé,
sont semees les sept Planettes, comme esparses & disposees parmi ce grand corps en differentes hauteurs, & non logees chacune en un particulier Ciel. Toutefois quand à chacune Planette un Ciel seroit ordonné, puis que par la confession des
Astronomes, les cercles & Epicicles sont seulement imaginez, ne demeure pas aussi confessee l'opinion, que les corps des
Planettes se meuuent, & non les port-Epicicles, ny Epicicles,
qui ne sont rien : (car si, comme il est vray, il n'y ha point de
port-Epicicle, ny de cercle portant le port-Epicicle, qui fait
mouuoir l'Astre selon l'ordre des Signes, d'Occident en
Orient, contre le rauissement journalier? Et quand encor on
lui ordonneroit un cercle propre & soy mouuant de ce mouuement, quelle cause rendroit on du mouuement qui se fait
selon la petite rondeur de l'Epicicle imaginé, meintenant selon l'ordre des Signes, meintenant contre, & telle fois si lent
quil semble ne bouger? Urayment en quelque sorte que ce
soit, je n'y voy apparence pertinente : mesmes quil auiendroit,
fust quon tinst l'Epicicle pour vray, ou pour feint, un ridicule
accident. (ar les corps des Astres choqueroient & entrebri-
seroient les cercles l'un de l'autre : voire que le corps de la Lune quelquefois occuperoit une grande partie de l'espace Elementaire, lors quelle seroit au plus bas de son Epicicle, quils
dient Perigee : & celui de Saturne dessireroit la substance de

g 3   la

la huitieme ſphere, lors qu'il ſeroit au haut de ſon Epicicle, ou
comme ils parlent, Apogee. Car tout ainſi que le centre de
leur Epicicle, eſt formé ſus un point egalement eſlongné de la
ligne conuexe, & de la ligne concaue, du cercle qui porte l'Epi
cicle, auſſi le centre du corps de l'Eſtoile, eſt ſur la ligne qui
figure la rondeur de l'Epicicle : tellement que la moitié de
l'Aſtre eſt encloſe dedens l'Epicicle, & l'autre moitié eſt eſten
due dehors. Donq quãd Saturne, ſon Epicicle, & ſon port-Epi
cicle ſeroient Apogees, ſon corps n'entreroit il pas dens la ſubſtance de la huitieme ſphere? & quand la Lune ſous telles condicions ſeroit Perigee, ſon corps par l'eſpeſſeur q̃ ſa rondeur lui
donne, n'occuperoit il pas une partie en l'elementaire region?

Si le Ciel eſt
coloré & ſo-
lide. Si vous otez au Ciel la ſolidité (repliqua le Curieus) vous lui
otez auſſi la couleur : qui ſeroit s'opiniatrer contre ſes propres
ſens, vû que l'œil nous aſſeure aſſez de la couleur celeſte.
Quand donq j'aurois confeſſé que les ſept Cieus inferieurs ſont
telz que vous auez dit, encores me demeureroit il prouué par
la diffinicion de couleur, que le huitieme Ciel que nous voyons
n'eſt liquide & diaphane, mais par neceſſité ſolide & coloré.
Car ſi vous dites que notre vuë eſtendue en ſi profond eſpace ſe
conſume, & que la puiſſance viſiue affoiblie, defaille en celle
couleur, je reſpons que ſi Nature ha conſtitué quelque limite
à la vuë, & l'a faite finiſſable par l'eſtendue de quelque eſpace : l'eſlongnement de nous juſques an l'un des ſept cercles Planetaires, y pourroit bien ſuffire : nous choiſiſſons toutefois les
Planettes ſi viuement, qu'à l'œil nous reconnoiſſons & deſ-
reſlons leurs profondeurs, & plus hautes diſtances. auſſi eſt il
bien naturel que la vuë ne ſoit finie, qu'à la rencontre de quelque corps ſolide, & que le Ciel ſoit tel, puis qu'il finit & arre-
te la vuë. Et ſi l'autorité des anciennes opinions vous eſt en
quelque reſpect, remettez en memoire, que les Platoniques

ont

ont cru, le Ciel semé de l'infinité des Estoiles, estre composé de
Feu & de Terre, & pour necessité de la conjonccion de ces
deus extremes, d'air & d'eau qui seruent de liaison. Le Ciel
(dient ils) tombe sous l'accion des sens : car il est vù tant visiblement, que le nier seroit d'entendement stupide. Qu'il soit
touchable, & de maniable substance, les sensibles impressions
& reflechissemens qui se font en la terre le persuadent, à qui
ne veut estre renuoyé à l'impossible essay de chose desja confessee par les sages anciens. Mais le propre d'estre vù en corps
si lumineus, peut il proceder d'ailleurs que d'ignee qualité ? &
le propre d'estre touché en corps de si grande & immesurable
masse, ne requiert il une necessaire qualité de la Terre ? D'un
tel discours ils concluoient en la composicion du Ciel estre
entrees les qualitez elementaires : chose qui ne leur sembloit
impertinente, pource, qu'outre la premiere purité des Elemens
qu'ils estimoient assez digne pour entrer en composicion de
tant illustre masse, ils ne pouuoient croire qu'aucune chose
simple peut tomber sous les sens, mais la jugeoient estre seulement discernee par la nue accion de l'entendement, & quand
à l'accident entre les Astres, de la brisure des cercles l'un de
l'autre. L'espesseur des cercles qui portent le port-Epicicle autant Apogee cõme Perigee, excuseroit tel inconuenient. Ie croirois volontiers (reprins je) que le Ciel ne soit rien moins que
coloré selon le jugement de noz yeus : mais que tant pure
simplicité soit embellie d'une perpetuelle & lumineuse dia-
phanité, ou d'une blancheur d'ordinaire lumiere, entre nous
& laquelle sont en espesseur de l'air, les regions des nues, qui
ainsi entremises desguisent celle purité à noz yeus, & leur fassent apparoir coloree. Au reste je ne fais doute que contre
mon auis vous pourriez rencontrer quelque figure de raison:
mais à vous confesser la verité, j'entre en aussi grand soupson
de la

de la certitude de quelques demonstracions Astronomiques,
trouſſees legerement ſans principe naturel, comme des contemplacions diſcourues ſuperſticieuſement. Penſez, je vous
prie, quelle apparence il y ha de croire, que le tournoyement
des Cieus rendent aucun ſon : combien que Pythagore & les
ſiens, ayent eſté de cette opinion : à laquelle il y ha rencontre
plus de gentilleſſe d'eſprit, que de prouuable ou vray ſemblable verité. Car puis que les Eſtoiles ſe meuuent comme croyoit
Pythagore, au rapport de ceus qui recueillent ſes opinions, il
faut que ce ſoit en eſpace qui ne faſſe aucune reſiſtance à leur
mouuement. Comme donq ſe peut d'un ſourt & mol touche-
ment, ou, pour mieus dire, gliſſement, engendrer quelque bruit,
ſoit dous, ou non harmonieus ? auſſi l'accion qui engendre le
ſon, connue par les doctes Muſiciens, ne ſemble eſtre aucunement appartenante au Ciel. Nous ne ſommes pas (dit le Curieus) ſeulement eſlongnez du Ciel par diſtance & interualle
de lieu, mais beaucoup plus de ſens & d'intelligence : tellement que des choſes qui y ſont, nous ne pouuons que difficilement, pour ne dire plus qu'incerteinement, juger. Toutefois
cette difficulté ne doit nous faire peur, ou retirer de la diligente recherche, ordinaire occupacion de tous bons & vertueus
eſprits : deſquelz diuerſes ſont les imaginacions, non ſeulement
quand aus mouuemens, comme j'ay dit, mais auſſi quand à la
Nature & à la diſpoſicion. Car Platon croyoit le Ciel eſtre
animé : & que de ſon Ame vient ſon mouuement : mais
Ariſtote diſoit le Ciel eſtre eſmu & pouſſé par une accion diuine & infatigable, qui le fait mouuoir inceſſamment de tel
mouuement, qu'il n'abandonne jamais ſa place uniuerſelle. Il
eſt vrayment infatigable, & ne peut eſtre laſſé en ſon mouuement : car il lui eſt Naturel & non violent : c'eſtadire d'autre
cauſe que celui des animaus, deſquelz les corps demeurent
quelqu

quelquefois las, pource qu'ils sont esmus par une puissance animale contre la naturelle inclinacion de leur matiere corporelle. Le corps de l'oiseau, quelque leger ou plumeus qu'il soit,
ne tend naturellement en l'air : tellement que esteinte en lui
la vertu animale, il demeure en terre selon sa naturelle inclinacion. Ainsi se lasse quelquefois du vol le corps de l'oiseau,
comme le Lieure ou le Cerf de la course : pource que le repos
est la naturelle inclinacion de la matiere corporelle & terrestre : ce qui n'auient au Ciel qui est esmu de sa propre inclinacion, & non violente, ou poussé de quelque force estrangere : &
que de soy il n'est ny leger, ny pesant. Aussi est feint en la sphere l'esseiul, que les Astronomes nomment Axis, pource qu'ils   Axis, ou l'Es-
ne pouuoient former un corps spherique, soy mouuant sans   seiul.
apui materiel, & confessent bien cette piece de sphere estre la
plus imaginaire. Quant à sa disposicion, le Pole Antartique   Disposicion
est estimé sa haute, l'Arctique sa partie basse : l'Orient sa   du Ciel en ses
droite, & l'Occident sa gauche partie : le Midi son deuant,   parties.
& le Septentrion son derrier. Car il n'y ha que trois dimen-   Trois sortes
sions, ou mesures en tout corps parfet : qui sont reconnues par de toutes me
trois opposicions de lieus. Le haut & le bas, pour la longueur : sures pour dif
le droit & le gauche, pour la largeur : & le deuant & derrier   ference des
pour l'espesseur. De telles disposicions, d'opposicions de lieus, lieus.
commencent à se mouuoir toutes choses mobiles : car le mouuement d'acroissement se fait de bas en haut. Le mouuement
qui se fait par mutacion de lieu, est de droit à gauche : & semble que les animaus ne meuuent le pied gauche, que pour cher
cher soutenement au mouuement du droit. Le mauuement
des sens se fait de deuant en derriere : car du front, ou est le
siege des sens, toutes sensuelles mocions sont faites jusques à la
memoire & à la volonté qui sont logees au derrier de la teste.
Mais il faut n'estendre la rencontre de telles disposicions
h   qu'aus

qu'aus corps animez, & qui ont mouuement de soy : car les
Pierres, & autres telles choses innanimees, n'ont aucun commencement de mouuement de soy, & par ainsi de soy n'ont
aucune disposicion, & l'ont seulement telle que leur ordonne
celui qui les remue : mesmes les Elemens n'ont ny droit ny
gauche, ny deuant ny derrier, mais seulement tendent & re-
cherchent d'un mouuement de naturelle inclinacion, ou au
bas, ou au haut. Toutefois Aristote juge les Pythagoriens re-
prenables, en ce qu'ils n'ont attribué au Ciel qu'une disposicion
de difference de lieus, à sauoir droit & gauche : pource qu'il y
ha moins de difference naturelle entre le droit & le gauche,
qu'entre aucune des deus autres opposees disposicions. Les deus
mains, les deus pieds, les deus yeus, & toutes les autres parties,
qui sont en disposicion differente de droit & gauche, sont toutes semblables : & ne semblent estre differentes que de l'agilité,
de la force, ou du lieu : mais le deuant ne ressemble rien au
derrier, ny le haut au bas : aussi sont ces deus dernieres differentes plus communes & uniuerselles que les autres : d'ou
semble qu'ils les deuoient plustot attribuer au Ciel, que le gauche, & le droit. Si demanderois je volontiers à Aristote, en
quoy est different ce que nous appelons le haut du Ciel ou Ze-
nit, à ce qui nous semble estre bas ou Nadair, ny ce qu'il nomme droit, gauche, deuant, & derrier. Car à mon jugement telles parties de disposicion n'appartiennét au Ciel, non plus qu'aus
choses qui de soy n'ont aucun mouuement. Qu'ainsi soit, nous
ne les nommons telles en lui, que par opinion que nous laisse
l'apparence de son mouuement selon noz regions. Ce qui est
Orient à nous, est Occident aus Antipodes, & ce qui est leur
Orient, est notre Occident : & par ainsi ce qui est notre droit,
est leur senestre, & ce qui est senestre à eus, est droit à nous.
Considerez en autant de ceus qu'on surnomme Antæces, &

Periœces,

Le Ciel n'a aucune dimé sion par oppo sicion de par- ties.

Periœces, & poßible auec moy il vous semblera que le Ciel n'a
aucune opposicion de parties, excepté celles que notre habita-
cion en fait apparoir à l'œil. Ioint que s'il n'a point de commencement de mouuement, pourquoy lui ajugera lon une
droite ny autre partie? & s'il ha eu commencement de mouuement, qui scet quelle partie pour mériter nom de droite, com-
mença de tournoyer? Ne sauons nous pas par témoignage de
noz yeus, & usage des instrumens Astronomiques, qu'en un
An Solaire il se fait à nous diuers Oriens, ores de la partie
Septentrionelle, ores de l'Equinoccial, ores de la partie Meri
dionelle, pour le respect de noz habitacions? Si ne veus je opiniatrer contre lui, ny les jurez à son opinion, assurans qu'il ha
desja respondu à ces obieccions: desquelles toutefois, si je l'ose
dire, je ne suis satisfait, non plus q̃ de la hauteur pour l'Antartique, & le reste de ce discours, qu'il ha essayé de prouuer à
sa mode. Trop mieus me plait de confesser le Ciel parfait en
sa ronde perfeccion, sans partie affectee à particuliere disposicion: immuable de sa substance, & exempt d'aucune nou-
ueauté de corrupcion ou generacion: combien que Hesiode ayt
crù toutes choses estre sugettes à generacion, & que des choses
engendrees, aucunes estoient douees de permanente eternité,
& aucunes estoient transitoires & perissables: contre l'opinion duquel, Melisse & Parmenide soutenoient qu'aucune
chose ne souffroit generacion ou corrupcion, mais seulement
qu'il le nous semble ainsi. Meintes autres opinions ont rencontré aueu, comme de ceus qui ont pensé que toute chose estoit en
mutacion continuelle, & qu'il n'y auoit chose ferme, ou eternelle qu'une, de laquelle toutes les autres sont produites: de laquelle encor ont esté les jugemens diuers. Car Thales Milesien
ha crù que c'estoit l'eau: Anaximene, l'air: & Heraclite Ephe-
sien, le feu. Encores semble le Timee Platonique descrire la

Opinions di-
uerses sur la
generacion &
corrupciõ des
choses.

h 2　　source

source & compoſicion de tout eſtre premierement de figures plates, par aſſemblement deſquelles ſe font d'autres figures ſolides : comme Pyramidales, Cubiques, Dodecaedre, & autres. Mais plus eſtroitement me ſemblent auoir embraſſé la verité, ceus qui ont crù, que de toutes choſes les unes ſont engendrables & periſſables, & les autres non : faiſant place en cette diuiſion, pour les periſſables, & engendrables à ce qui eſt cloz deſſous le cercle de la Lune : & eſtendant la condicion contraire, aus celeſtes & diuines. Mais pource qu'ajoutãt rien plus à ce que nous auõs dit des celeſtes, ſeroit mal meſurer l'heure que nous employons en cette diuerſité Mondeine, & nous trencher la parole appreſtee pour les engendrables & periſſa-

La region elementaire.

bles : je m'arreſte ſous le creus de la Lune, rempli de quatre grandes ſubſtances appelees Elemens, ſous les noms de Feu, Air, Eau, & Terre : deſquelz les Filozoſes ont diuerſement diſcouru. Car les Platoniques, de la doctrine de Pythagore, laquelle ils reçoiuent ſouuent, mettoient une difference entre Principe & Element : & une autre grande tourbe de Filozoſes n'en mettoient point : tellement qu'il faudroit plus de tems que nous n'en auons ores, pour recourir le catalogue entier.

Diuerſes opiniõs des Principes du Monde.

L'Eau, Principe de Tout par Thales.

Thales Mileſien eſtimé de pluſieurs celui qui premier s'auança à rechercher la raiſon des choſes, ne conſtitua autre principe que l'Eau : eſmu d'une conſideracion, que tous animaus ſont engendrez d'une ſemence humide : que toutes plantes & tous arbres, croiſſent & fructifient par humidité, defaillant laquelle, ils meurent & deſeichent : que le Soleil, les Aſtres, & le Feu ſont nourris par les humides exhalacions euaporees des eaus : joignnant ainſi quelques autres apparences qui lui firent ſembler raiſonnable que l'Eau eſtoit principe & ſource premiere de Tout.

L'infinité principe de Tout par Anaximãdre.

Un Anaximandre ne reconnoiſſoit autre principe que l'infinité, de laquelle il jugeoit tout proceder, &

en

en laquelle il estimoit tout estre reduit : mesmes disoit infinis
Mondes estre infiniment engendrez : ne declairant point toutefois expressemēt, quoy, ou, quel, estoit son infini. Anaximene
discourant que notre Ame, qu'il assuroit estre Air, comme
encores en notre langue Esprit, Soufle, Respiraciō, & telz autres mots sont tous aëriēs, estoit l'unique soutiē de notre Essence
humeine : que l'air s'estendoit, à son jugement, par tout l'Uniuers, comme sans lequel chose qui soit, ne pourroit viure un
seul moment, se persuada que l'Air estoit vray principe de
Tout. Anaxagore Clazomenien auec son Homœomerie, que
je puis aussi peu que Lucrece, s'excusant en la poureté de sa
langue, rendre en un mot, pensoit que par un amas de petites
parties semblables, tout estoit produit : comme le sang, par
plusieurs petites goutes de sang amassees : les oz, par un assem
blement de petites pieces d'oz : & ainsi de tout, ou il croyoit
estre une confusion de petites parties semblables, à la rencontre desquelles se creoient & composoient les corps entiers. Hy-
pase Metapontin, &, comme j'ay ja dit, Heraclite donnoient
le nom de principe au Feu, duquel ils jugeoient tout proceder,
tout estre nourri, & consumé. Et Democrite, suiui & auoué
par Epicure & les siens, en quel labirint d'opinion entra il,
resuant ses Atomes, son Uuide, ou Rien, sa monstreuse infinité, & autres telles sources & principes de son Tout ? Vous
sembleroiēt point les Principes d'Empedocle Agrigentin plus
receuables, à sauoir les quatre Elemens, Feu, Air, Eau, &
Terre, auec deus grandes & principales puissances, c'estadire
Amour, qui unit & conjoint tout, & Discorde qui diuise
& despart le mesme ? A vray dire toutes ces opinions ont
plus de tenebreuse obscurité, que d'apparence veritable : &
semble Pythagore auoir le premier mieus rencontré, consti-
tuant le principe de Tout, Dieu, comme cause façonnante &

h 3   faisan

faisante, & la Matiere, comme cause souffrante d'estre façonnee en quelque forme, & sugette à receuoir la puissance
de l'accion. Il s'esleua en diuerses consideracions, rapportant
toutes choses à certeines harmonies & nombres proporcion-
nez : & furent ces discours receus tant fauorablement, que
les meilleurs esprits se rendirent à luy ou du tout, ou en partie : comme Platon & les siens, qui ordonnerent pour principe de Tout, Dieu, la Matiere, & l'Idee : & pour principes
des Elemens, les Triangles Scalenes, formez de trois lignes differentes en proporcions, triples, doubles, & d'autant & demi :
& les Triangles Isosceles formez de deus lignes egales. Ainsi
par l'assemblement de ces Triangles, tirerent la forme Pyra-
midale pour le Feu, l'Octaedre, pour l'Air : l'Icosaedre, pour
l'Eau : & la Cubique pour la Terre : ajoutant la figure du
Ciel dodecaedre, composee de douze pentagones equilateres, &
chacun diuisable en cinq triangles isosceles, desquelz isosceles
chacun se peut departir en six scalenes orthogones : tellement
que chacun pentagone contenant trente Triangles rectangles,
l'entiere somme des douze, se rencontre trois cens soixante,
rapportables à la diuision du Ciel. Mais Aristote plus naturel, & moins ami des contemplacions esgarees, se moque
de ces nombreuses figures : & met en auant une Entelechie,
comme agitacion continuelle, ou perpetuel mouuement tendant à parfaire : ajoutant pour principes, la Matiere, la Forme, & la Priuacion, qu'aucuns de ses disciples interpretent
Capacité. Et combien qu'en Nature ne puisse estre aucune matiere sans forme, si imagina il une diffinicion de Matiere, la
disant estre, ce dequoy toute chose est de soy, & non par accident, & en quoy toute chose est reduite, que Platon appelle
πανδεχès, comme mere, nourrice, giron, & receptacle de
toute generacion : ce que possible les Stoïques nommoient (apres
leur

Dieu, Matiere
&, Idee Prin-
cipe de Tout
par Platon.
Les Triãgles
Principes des
Elemens.

Entelechie,
Matiere, For-
me, & Priua-
ciõ, Principes
de Tout par
Aristote.

Que c'est que
Matiere.

leur premier principe λόγος, ame, ou ce que les Latins di-
roient Mens) ὕλη, que lon peut entendre forest, ou, croirois
je bien, non moins pertinemment, matiere, ou estoffe : car le
mot ὕλη, ou forest, est tiré de ce que dedens les forests se prend
le bois rude en escorse, & non aucunement esbauché ou façonné, lequel apres lon façonne & reduit on en usage particulier
moyennant la forme, qui est le façonnement donnant essence
à la chose. Telz sont les deus principes acompagnez de priuacion, qui ne signifie pas un defaut reduisant la chose en rien:
mais bien le defaut d'une forme, de laquelle la chose est capable, & peut, ou requiert, ou atend, estre façonnee : tellement
que cette priuacion de forme rapportee à la Matiere, neces-
site la Matiere, d'une puissance ou capacité d'estre façonnee
diuersement : & semble qu Aristote en quelque partie, sinon
en tout, ayt receu l'opinion de l'Amitié, & Discorde, d'Empedocle. Telz sont les principes appelez par une grande part
des plus approuuez Filozofes en la composicion des Elemens.
l'appele composicion, non pas telle que des corps composez de
parties dissemblables, ny de tout ce qui tient encores nom de
mixtion en notre langue : car, à vray dire, les Elemens sont
corps purs & non point meslez : car leur composicion est seulement de matiere & forme substancielle. Pourquoy donq
(interrogáy je) ne donne lon à la Matiere, & à la Forme,
nom d'Element plustot qu'à ce qui est composé d'elles ? Pource (respondit il) que la forme n'est point corps, & n'a aucune essencielle espece de soy, & que la Matiere ne peut estre sans forme, que par imaginacion. Aussi pour la difference qui est entre Principe, & Element : car les Principes sont simples, &
quand ils sont joints ensemble, prennent nom d'Elemens : le
nombre desquelz est confessé communement jusques à quatre.
Car l'opinion de ceus qui n'en receuoient qu'un, est prouuee ridicule

dicule par *Galen*, & auant lui par *Hippocrate*. L'un diſoit
que l'*Eau* eſtoit *Element* unique : & que ce que nous appelons *Terre*, n'eſt autre choſe qu'une *Eau* eſpeſſie & reſſerree:
l'*Air*, eſt *Eau*, eſtendue & relachee, & le *Feu* eſt *Eau* encores plus eſtendue, relachee, ou ſutiliee, en extremité. L'autre
n'auouant que l'*Air* pour unique *Element* de tout, diſoit que
l'*Air* ſutilié, eſt ce que nous nommons *Feu*. L'*Air* eſpeſſi
moyennement, eſt *Eau* : & reſſerré ou eſpeſſi plus eſtroitement, eſt *Terre*. Un autre ne receuoit *Element* que la *Terre*,
nommee de nous *Eau*, *Air*, & *Feu*, ſelon que plus ou moins
elle eſt ſutiliee ou eſclarcie. Comme tel s'eſt trouué qui ha aſſuré
qu'il n'y ha *Element* que le *Feu*, ſurnommé d'*Air*, *Eau*, ou
Terre, ſelon qu'il eſt eſpeſſi & reſſerré : En quoy ils ont tous
groſſierement diſcouru, ne connoiſſans que leur preuue tendoit
à la reciproque tranſmutacion de l'un en l'autre : & non à

reſtreindre les quatre ſous un ſeul *Element*. Auſſi l'apparence
de quatre premieres qualitez ha donné foy au ſemblable nombre *Elementaire*, pource qu'elles ne peuuent eſtre acouplees en
plus de quatre ſortes, comme il eſt euident: car froit, & chaut
ſont incompatiblement contraires : & de meſmes ſec, & humide : bien ſe peuuent ſouffrir le froit, ou le chaut auec le ſec
& auecques l'humide : & non autrement : ainſi la qualité
chaude acouplee à la ſeiche, eſt propre du *Feu* : & acouplee à
l'humide, elle eſt propre de l'*Air*: la froide jointe à la ſeiche,
eſt propre à la *Terre* : & jointe à l'humide elle eſt própre à

l'*Eau*. Quelques autres donnent quatre qualitez à chacun
Element, pource qu'ils reconnoiſſent ſeize differences de corps:
chaut, froit, humide, ſec, peſant, legier, rare, eſpais, poli, aſpre,
dur, mol, tranſparant, opaque, aigu, & obtus, ou eſpointé:
deſquelles differences, les ſens plus corporels ſont juges & ex-
plorateurs. Le *Feu* eſt chaut, ſec, rare, & aigu : le froit,
l'hum

l'humide, l'eſpais, & l'obtus ou eſpointé, ſont pour l'Eau : &
pour l'Air, le mol, le poli, le leger, & le tranſparant : demeurant à la Terre, le dur, l'aſpre, le peſant, & l'opaque. Les Plato
niques ajoûtent d'autres qualitez, comme le mouuement &
le repos, la ſplendeur & l'obſcurité : pour plus viuement deſ-
crire la difference d'un à l'autre Element : car chacun en ha
une premiere & ſouuereine, principale cauſe faiſante, de ſa
principale accion : puis une ſeconde qui rend l'action meilleure, & les autres en partie accompliſſent, & en partie conſer-
uent l'accion. Telle toutefois eſt la condicion des Elemens, que
l'un eſt engendré de l'autre : & l'un engendre l'autre, quand
les contrarietez s'entreueinquent, & ce d'autant plus facilement qu'ils auront moins de contrarieté : car l'un eſt double-
ment cõtraire à l'autre, comme le Feu, ſec & chaut : à l'Eau,
humide, & froide : ou l'Air, chaut & humide : à la Terre
froide & ſeiche : & les autres conuiennent & ſe rapportent
enſemble de quelque qualité : comme ce Feu, ſec auec la Terre,
& chaut auec l'Air : & l'Air chaut, auec le Feu, & humide auec l'Eau : & l'Eau humide auecques l'Air, & froide auec la Terre : & la Terre, froide auec l'Eau, & ſeiche
auec le Feu. D'autant donq qu'ils ont ou plus, ou moins de con-
uenance enſemble, d'autant plus ou moins facilement ſont ils
tranſmuez l'un en l'autre : la Terre amollie deuiẽt Eau : l'Eau
eſpaiſsie deuient Terre : ou eſchaufee & euaporee, c'eſtadire ſutiliee, deuient Air : l'Air reſerré & eſpeſsi deuient Eau, &
deſeiché, il ſe tranſmue en Feu.   Ainſi il demeure apparent,
que la mutacion d'un en autre Element ſe fait par corrupcion des contraires qualitez : entre leſquelles la chaleur eſt
plus excellente & puiſſante en la generacion des corps mixtes,
comme auſsi elle approche le plus de celle tiedeur celeſte etheree ou reſplendiſſante, qui peut tout ſur ce Monde inferieur

& Ele

i

Elementaires
contrarietez,
& reſſemblã-
ces.

Tranſmuta-
cion d'un en
autre Elemẽt

La chaleur, ſa
nature, & ſes
efficaces.

& Elementaire. Tellement que sa propre nature est d'effica-
ce & puissance incomparable en accion, mais foible & imbe-
cile pour resister à son contraire, de tant peu le puisse il outre-
passer : car lon voit en moins d'un clin d'œil la chose chaude,
refroidie, & la chaleur corrompue par la froideur suruenan-
te : en quoy la prouidence se montre admirablement curieuse
conseruatrice de l'Uniuers : qui desja fust tout embrasé, si le
Feu eust eu autant de resistence à se deffendre, qu'il ha d'ac-

La froideur,
sa nature &
ses efficaces.

cion pour offenser. Au contraire, la froideur ha plus de vio-
lence à resister, que d'efficace en accion : c'est adire que son ac-
cion n'est pas de telle efficace, que l'accion de la chaleur : mais
sa resistence comparee à celle de la chaleur, est plus grande
beaucoup : tant sont discrettement balancees les puissances de
ces deus ennemies qualitez, conjurees l'une à la ruine de l'au-
tre, & toutefois par ce moyen durables. Semblable diuorce

La seicheres-
se & l'humi-
dité.

tient en suspens la seicheresse & l'humidité : celle ayant plus
de resistence que d'accion, & cette disposee au contraire : qu'il
faut toutefois entendre diuersement selon le diuers rapport de
leurs concurrences en l'un ou l'autre Element : & selon qu'el-
les sont premieres, où secondes qualitez : comme d'une diserte
abondance ha escrit l'honneur du pourpre Rommein de son
tems, le docte Cardinal Contaren : & comme je say que vous
auez aprins des premiers Filozofes, qui ont disposez les Ele-
mens en tel ordre, que le Feu est esleué sur l'Air, l'Air sur
l'Eau, & l'Eau & la Terre conjoints ensemble, accomplissans
un globe, auquel le Feu moins materiel tient du lieu plus esle-
ué vers la partie haute & procheine du Ciel. I'ay dit sa qua-

Le Feu, Ele-
mēt premier.

lité premiere estre chaleur, & sa seconde & moins propre,
estre seicheresse : toutefois il est tres sec par necessité de sa cha-
leur extreme, qui ne peut souffrir l'humidité de laquelle elle
pourroit estre offensee. Il n'a semblé à quelques Filozofes illu-
stres,

ſtres, que le pur & ſimple Element Feu, rende de ſoy aucune lumiere: nonobſtant qu'on lui attribue la lueur, ainſi que pour couleur, & que lui ſeul ſoit viſible de ſoy, & que ſans lui rien ne puiſſe eſtre vû : car ſa rarité, & ſutilité ne le permettent d'eſclairer aucunement. Combien que celui qui eſt connu ça bas pour l'uſage de la vie humeine, eſtant impur, compoſé, & entremeſlé auec quelques corps de qualitez eſtrangeres, reſſplendiſſe & s'eſclate en lumiere : auſſi n'eſt il purement Feu Elementaire, combien qu'il en ayt aucunement forme, & na-ture: c'eſtadire qualité & puiſſance. De cetui qui commune-ment s'engendre de ſon ſemblable, ou par un raſſemblement de raiz Solaires ou Lunaires (car il s'eſpreuue en tous deus par le miroir ardēt ou le criſtal) ou par hurt violent ou frot-tement d'un à autre corps de matiere propre à conceuoir l'embraſement: de cetui (veûs je dire) l'experience nous ap-prend, combien l'autre eſt leger, ſutil, & peu materiel, vû qu'il eſt ſi facile à s'eſteindre, & pront à s'en voler, qu'il ha beſoin pour ſon entretien, & pour empeſche de ſa corrupcion, d'eſtre toujours fourni de matiere, pour durer continuellement, & ſuffire à la viuacité de ſon accion : de laquelle ſe reconnoiſſent certeines choſes admirables, & dignes d'eſtre notees. Que pou-uons nous voir de plus eſtrange, que le ſoudein embraſement d'une matiere brulable ſous les raiz du Soleil ou de la Lune? Mais combien auiennent d'inconueniens de feu, regettez vai-nement au ſoupſon de la malice de quelques artificielz boute-feuz, qui procedent d'une naturelle inflamacion ? Galen ap-preuue la chaleur s'accroitre, & je di juſques à embraſement, par mouuement, par approche d'un corps chaut, par pourri-ture, par eſtouffement, & quelques autres cauſes : deſquelles poſsible ſe rencontreroient infiniz exemples de l'an paſſé, que tant de maiſons, tāt de vilages, mais des viles entieres, ont eſté

Feu materiel

Accidens na-
turels du feu
materiel.

i 2   brulees,

brulees, nonobſtant tout diligent ſecours : comme Galen rapporte eſtre auenu en une maiſon, moyennant les raiz du Soleil, entrans par les fendaſſes d'une feneſtre, aupres de laquelle
eſtoient quelques aiz frottez de poix, & touchans du fumier
de pigeon deſeiché par longue pourriture : s'euaporant toutefois
encores ſous la violence du Soleil eſtiual, tellement que ces matieres s'enflamerent & eſtendirent le feu par toute la maiſon. N'auez vous point prins garde, qu'un grand feu ſemble
eſteindre ou deuorer le petit ? Pource que le feu ha beſoin de
continuelle nourriture & mouuement, il ſe fait un ſpiral ou
pluſieurs en ſa matiere ſugette, & accommodee pour ſon aliment, par ou il puiſſe s'esbranler & mouuoir, ainſi ſe renforce
par mouuement ſur la matiere qu'il conſume, & transforme
le petit en ſoy, par ſon accroiſſement. C'eſt choſe merueilleuſe

Côme l'huile
eſteint le feu,
& l'eau non.

que l'eau defaille quelquefois à l'eſteindre, & que l'huile
puiſſe ſupplier tel defaut : dequoy la raiſon ſemble telle. Pour
eſteindre le feu, il lui faut oter ſa nourriture, ou lui boucher le
ſoupiral par lequel il s'euapore, & esbranle ſon mouuement.
Si donq l'eau gettee ſur le feu ne le priue de nourriture, & ſi,
comme elle eſt rare & fluide ſoudeinement, elle ne ferme les
pores de la matiere embraſee, le feu ne laiſſe de ſe nourrir &
mouuoir ſelon ſon naturel : mais l'huile plus eſpeſſe, tenamment gluante, & moins fluide, ne coule pas ſi ſoudein, & par
ainſi, arreſtee ſur la matiere brulante, ferme les ſoupiraus, &
empriſonne le feu : qui, empeſché de ſe mouuoir, ne peut chercher ſa nourriture, & demoure eſtouffé & eſteint. Ce que fait
pour ſemblable raiſon le vinaigre, joint ſa froide qualité,
auecques l'huile. Ie ne veus vous entretenir des feuz artificielz, Medeans, Circeans, de Naphthe, d'Aſphalte, & infinies ſortes d'amorſes, à feu, brulant en l'eau, en la neige, et demeurant non eſteingnable, s'il eſt vray ce que les Chimiſtes
promet

prométtent de leur huile tirée du plus riche metal. Mais pour rentrer à mon propos laißé, je puis aßurer le Feu estre forme façonnante_ ou agente, sur les autres Elemens qui sont comme matiere souffrante ou patiente : & qu'en son accion, la seichereße sert d'esmouloir à la chaleur, aigue par ce moyen en plus chaleureuse extremité. Parquoy en haut au propre lieu du feu Elementaire ne se peut engendrer aucun animal. Ce qu'Aristote me semble auoir entendu, escriuant de la generacion & corrupcion : & ne say s'il se seroit oublié, ou s'il auroit ainsi crù de notre feu materiel, au cinquieme de l'Histoire des animaus, ou il escrit, qu'en Cypre_ dedens les fornaises metalliques, ou le feu demeure longuement embrasé, il s'engendre certeines petites mouches aellees, ou autres bestions : comme en semblable feu quelqu'un m'a pensé faire voir. Mais je croirois plustot que la violence de telle lumiere estoufee, & contreinte, deceuoit notre veuë, ou que, ce qu'il me montroit, n'estoit que de la flame espaißee & brillante, ainsi qu'elle estoit empreinte sur matiere de diuerse humidité, selon laquelle, ces petites estincelles flamboyantes, estoient colorees diuersement. Car de la Salemandre j'en mesurerois ma credulité à l'auis de Dioscoride : laißant telles fables aus contes des quenoilles, außi peu croyables que ce que tenoit la supersticion Pythagorienne du feu logé au milieu du Monde sous le nom de la prison de Iupiter. L'on ne peut nier piement (entrerompit Hieromnime) qu'au centre de la terre, ne soit l'eternelle prison des malheureus dannez, auouee sous le nom de ᾅδης, selon Trismegiste: & halené par Platon en sa Republique sous le discours du Pamphilien E're, resuscité le douzieme jour apres sa mort : & par Plutarque sous le conte de Solee, trois jours apres sa mort miraculeusement restitué en vie. Celui (demanda le Curieus) qui ha escrit les visions de

i 3   Lazare

*Lazare, vous semble il point auoir contrefait ces passages de
Platon & Plutarque? Ie ne veus (respondit Hieromnime)
me confesser trop supersticieusement credule, & ne voudrois
fonder simplement une verité sur l'un ny l'autre recit. Mais
les saintes lettres, en leurs menasses espouuantant les meschans
d'un Geben hynon, que nous entendons gehenne & torment
de feu, me semblent témoigner ceci trop à bon essien, pour
estre estimé fabuleus. Et vrayement je ne say d'ou rapporter
plus grande preuue à la foy (si elle en requiert) qu'en conside-
rant que des plus mescreans & idolatres, & des Filozofes
plus naturels, ha esté touché, comme par vertu d'une secrette
estincelle de verité naturellement semee en nous, le tourment
du feu appresté pour ceus qui ça haut se jouent du peché.*

Daimons
Ignees.

*Ainsi (dis je) ont les Magiciens plus reueremment inuoqué
les Daimons Ignees que les Aëriens, seconds en ordre d'honneur, comme l'Air est Element second & inferieur du Feu.*

Pourquoy
lon bruloit
anciénemét
les morts.

*Il me souuient d'auoir noté, que l'ancienne coutume des Grecs,
et de quelques Septentrionaus estoit, bruler les corps des morts
pource que le Feu surnommé à cette cause ἀγνιϛικὸν, est doué
d'une puissance nutriante, témoins les Catharmates, c'estadire
sacrifices ausquelz estoient immolez des hommes, pour puri-
ficacion & netoyement des pestes, & autres punicions diuines:
ou pource que selon Heraclite croyant, ainsi qu'a dit le Curieus, le Feu estre Principe de Tout, tout se doit resoudre en
feu. Ioint leur supersticieuse opinion, telle qu'ils croyoient ce
qui est en nous de Diuin, remonter là haut par l'ayde du feu
s'esleuant selon son naturel, & lui seruant de chariot, pour le
porter au Ciel.*

Comme les
ames sont pas
sibles du feu.

*Ie say bien (reprint Hieromnime) que mal
aisément se peut prouuer par raison naturelle, que les Ames
incorporelles soient persecutees en tourment d'un feu corporel,
si nous ne considerons, que celle infinie puissance, qui ha pù em-
prisonn*

prisonner si tenamment l'Ame incorporelle dedens le corps
materiel, la pourra, par sa puissance incomprehensible, con-
finer en une peine de feus non esteingnables : soit que despoillee
de la chair, elle retienne encores ses puissances sensitiues, &
s'essaye d'en user : soit qu'il ne lui reste que la fantasie trauail-
lee d'horreurs, & terreurs continuelles. Si de ceci les Filozofes ont esté ignorans, vous autres qui feuilletez leurs liures,
sauez comme Platon & les siens en font foy, apres Orphee,
qui disoit les Daimons de vengeãce, irriter trois furies contre
l'Ame condannee : Tisiphone, pour l'une, la persecutant
d'un bourrellement corporel : la seconde Megere, poingnante
d'une haine & creinte horrible du mal imaginé : la derniere
Alecton, lui embrasant une continuelle ardeur & desir non
jamais satisfait du bien, par la priuacion duquel elle est
eternellement langoureuse. Si la foy (dit le Curieus) ne nous
seruoit de plus vif argument, il ne sembleroit fort prouuable
que l'Ame estant immortelle, fut souffrante, apres la separacion, de sentiment douloureus : car si elle est sugette à douleur, ce ne peut estre sans corrupcion de son estre non douloureus : Et vous sauez que la corrupcion lui concluroit une
mort, & la prouueroit perissable : & au contraire si elle n'est
mortelle & perissable, elle aussi n'a sentiment d'aucune douleur. Hieromnime respondit: Il faut, hors de tout doute, croire
que les Ames par la mort ne peuuent estre esteintes. Toutefois les meschantes, pource qu'elles sont tachees & soillees des
pechez, ont empiree leur pureté immortelle, & comme d'une
condicion entre la mortalité & l'immortalité, pour s'estre trop
intemperement fleschies à la partie corporelle obeissant aus
delicieuses affeccions, se sont aquis comme par atouchement
contagieus du corps, une marque espesse & non effaçable :
tellement que croissant & enuieillissant cette tache, l'Ame

s'aquiert

Trois furies
irritees con-
tre les ames
dannees.

s'aquiert une condicion, comme on diroit, entre la mortalité,
& l'immortalité, demeurant paßible en tant qu'elle s'eſt en-
craſſee par l'acompliſſement des corporelles voluptez & paſ-
ſions : immortelle toutefois, d'autant qu'elle retient cette condicion de Dieu, comme ſon immortelle & eternelle ſource.
Ainſi reçoit quelque naturelle demonſtracion cette partie de
notre foy, par laquelle nous croyons les dannez eſtre confinez
aus enfers, auouez & connus de pluſieurs anciens d'illuſtre
nom, comme Orphee, Mercure, Platon, Plotin, Iamblique,
& autres, ou ils languiſſent tourmentez en horribles tenebres,
non autrement eſclairees par le feu vengeur, ſinon à fin que
par le moyen de quelque clarté malheureuſe, les miſerables
comprennent plus ſenſiblement leurs eternelles peines. Vrayment je ne puis porter paciemment l'impie calomnie, auec laquelle certeins perturbateurs de religions, deſtordent par de-
prauees interpretacions pluſieurs paſſages de la ſainte Bible,
pour montrer que la deſcente aus enfers fut inconnue aus
Iuifs, & que Moyſe n'a fait mencion d'enfer ny d'immortalité d'Ame. Car ce qui eſt leu, Seol, foſſe ou enfers, Aua-
don, pour perdicion, Borſahath, puits de corrupcion : Borſeon,
puits de bruit, ou de tumulte : Zalmaueth, ombre de mort,
& quelques autres : ils interpretent ſeulement de la mort ou
du ſepulchre du corps, & non des enfers ordonnez pour les
ames. Mais ce deſguiſement calomnieux ne peut auoir lieu en
l'hiſtoire eſcrite au trenteſeptieme du Geneſe : ou Iſraël pleurant ſon fils Ioſeph, lequel il croyoit auoir eſté deuoré d'une beſte ſauuage : Ie deſcendray la bas (diſoit il refuſant toute con-
ſolacion) en enfer vers mon fils, pleurant. Peut on, je vous
prie, interpreter en ce lieu, Seol, pour foſſe ou ſepulchre du
corps ? vû qu'Iſraël croyoit ſon fils eſtre deuoré, & non en-
ſepulturé ? Il eſt, ce me ſemble, tout euident, que parlant de
ſon

ſon fils, il entendoit de l'Ame, & non du corps: & que
parlant de la bas, il entendoit aus enfers, & non pas un ſepulchre ou s'enterre le corps. Et l'Ame de Samuel, puis que
ce paſſage me vient en memoire, euoquee par la femme Py-
thoniſſe (l'appelle qui voudra, de ſon, Ob, Engaſtrimythe, ou
encores Pythienne) comme eſtoit elle euoquee, ſi elle eſtoit
morte? & d'ou eſtoit elle euoquee d'ailleurs que des enfers, deſquelz les Hebreus diſpoſent deus differences? Mais ceci doit
bien effacer la reputacion qu'on leur donneroit, d'auoir ignoré
le vray eſtre de l'Ame. Ils diuiſent les enfers en deus: à ſauoir un lieu pour les bons, qu'ils nomment Czeror, ou Oczar,
c'eſtadire lien, ou, celier: & le diſent eſtre enfer ſuperieur: & un
autre plus bas pour les meſchans, ſous le nom de Seol tahtith.
Il vaut mieus (dit le Curieus) en croire plus, & en diſputer
moins, & ajouter à l'honneur que nous auons donné au Feu,
comme premier & plus haut Element: qu'il eſt doué de la
premiere & plus neceſſaire puiſſance en la generacion de toute choſe: car ſans lui la Terre demeureroit en friche & ſteri-
le: tellement que moins un corps, quel qu'il ſoit, eſt participant
de chaleur, qui eſt la propre & premiere qualité ignee, eſtendue par toute la region Elementaire, & moins il eſt apte à
aucune generacion: car la chaleur eſt tant requiſe à la generacion & conſeruacion de toute nature, qu'elle defaillant, tout
perit & vient en pourriture. Auſſi eſt moins croyable celui,
qui ha oſé aſſurer les hommes auoir veſcu ou pouuoir viure
ſans feu, que celui qui penſeroit nous perſuader la vie pouuoir
eſtre ſans chaleur, la chaleur ſans vital mouuement, ce mouuement ſans nulle reſpiracion, & la reſpiracion ſans l'Air
occupant le prochein lieu deſſous le Feu, comme pour lui ſer-
uir d'inſtrument à eſchaufer les corps inferieurs. Car le Feu
eſchaufe l'Air, & l'Air enuironnant, eſchaufe les corps. Ie

k

di l'Air

di l'Air enuironnant, pource que l'Air de qualité chaut & humide (non que je veuille opiniatrer, sachant bien quil est dit indifferemment par Aristote, & Galen, auquel des deus Elemens Eau, ou Air, est plus propre la froideur ou humidité) estant esleué par sa legereté sur l'Eau & la Terre, remplit, & par ainsi enuironne, tout l'espace qui est vuide de ces deus pesans Elemens: auec lesquelz il ha un usage familier & necessaire pour temperer leur froideur, par sa chaleur, & par ce moyen les rendre capable nourriture du Feu. Mais par ce voisinage & usage d'entre l'un & l'autre, il reçoit un grand nombre de diuerses & apparentes impressions, desquelles le Ciel cause les effetz, & l'Eau & la Terre fournissent diuersement matiere. Car l'Air est diuisé en trois parties, comme vous diriez estages, ou regions du lieu quil occupe: lesquelles sont qualifiees diuersement. La plus haute pour le voisinage du Feu, auec lequel la tournoye le continuel rauissement des Cieus, est excessiuement chaude & seiche. La moyenne, eslongnee du Feu, & jusques à laquelle les raiz Solaires ne peuuent refleschir, est par une antiperistase froide perpetuellement, au témoignage des effetz engendrez celle part. La basse, est temperee, ores froide ores chaude, selon que les raiz du Soleil ont plus ou moins d'accion vigoreuse. Iusques à la plus haute aëree region s'eslieuent de ça bas les exhalacions de qualité ignee: j'enten chaudes, seiches, & legeres: jusques à la moyenne s'eslieuent les vapeurs chaudes, & humides, apparentes toutefois & transformees en l'un & l'autre estage, en diuerses impressions: comme les Cometes, Estoiles tombantes, Dragons, puis les gresles, pluies, & autres Meteores descouurent manifestement. Car par une puissance celeste, & par la chaleur Solaire, certeines exhalacions & vapeurs sont attirees, & s'eslieuent de la Terre & des lieus aqueus: & pource quil

qu'il auient que les seiches & chaudes retiennent par fois une
certeine qualité visqueuse, elles facilement sont enflâmees : lors
tant selon leurs diuerses qualitez, que selon les diuerses rencontres de lumiere, & selon qu'elles sont esleuees, & disposées,
apparoissent diuersement en la haute region de l'Air : ores
en Lance brulante, ores en Cheure, ores en Dragon, & autres
formes. Mesmes en la basse region de l'Air, par semblable
raison apparoit ce que lon nomme Feufolet, apparoissant ordinairement aus lieus pendans & marescageus : c'est ce que le
vulgaire dit estre, je ne say quel Esprit moqueur, desuoyant
de nuit les passans, & les guidant aus riuieres : nous les nommons en ce Masconnois bien pertinemment Auiz, selon le
nom φάντασμα, commun à toutes telles impressions apparentes autres qu'elles ne sont. Si l'exhalacion enflâmee, est longue & discontinue, on l'appelle Paille, ou Gerbe brulante : si
elle est fluide & qu'elle coule par l'Air, on la dit estre une
Estoile qui se mouche, en mode de chandelle, ou qui tombe :
comme il me semble deuoir estre entendu Vergile, que Iaques
Peletier, duquel (s'adressant à moy) l'amitié vous est si chere,
& la doctrine estimee, ha fait chanter au premier des Geor-
giques,

   Aussi verrez les Estoiles souuent
   Tomber du Ciel contrebas, quand le vent
   Se veut leuer, & blanchir au circuit,
   Longs traiz d'esclairs par l'obscur de la nuit.

   Car le penser seroit autant profane & fol, de celui qui
croiroit les corps celestes pouuoir choir, que peu receuable l'opi
nion d'un autre, qui donne pour raison de telle apparence, la
comparaison des Estoiles à une mesche de lampe, qui souuent
pour l'abondance d'huile que le feu consumant y attire pour
se nourrir, laisse choir de petites estincelles. Ce point (dit Hie-

Feufolet, ou
Auiz.

k 2   ronim

romnime)ha beaucoup trauaillé noz *Theologiens* sur la comparaison faite en l'*Apocalipse*,des *Estoiles* tombantes du *Ciel*,
ainsi que les figues d'un figuier,esbranlé d'un vent impetueus:
& la prediccion de l'*Euāgelique* verité recitee par saint *Mat-*
thieu en semblables mots : *Les Estoiles tomberont du Ciel.* ce
qu'aucuns ont jugé pouuoir auenir par la violence de l'embrasement uniuersel. *Mais* quelques autres fauorisans l'opinion
que vous auez, qu'il soit ridicule de l'ainsi croire, reçoiuent ces
paroles tropologiquement , comme l'escriture est pleine de figures,& les interpretent, qu'à la venue du grand *Roy* de toute gloire & lumiere eternelle,telle splendeur sera respandue
par l'*Vniuers*:que les *Estoiles* sembleront priuees de leur propre lumiere , ainsi qu'une chandelle allumee luit en vain sous
les raiz du *Soleil*. *Alors*(reprint le *Curieus*)la consommacion
de tous *Meteores* meritera plus d'esbahissement,que n'engendre meintenant de diuerses merueilles l'exhalacion de laquelle je parlois: qui, si elle est courbee & poussee par l'*Air*, s'appelle *Dragon volant*:& ainsi la surnomme lon des choses diuerses, desquelles par fortune elle ha quelque ressemblance fi-
guree:comme *Xiphees*,en mode d'espee:*Aconties*,en façon de
trait,& autres en colomnes, trauons, lampes, & telles choses.
De cette maniere sont engendrees les *Cometes*, *Estoiles* cheue-
lues,*Pogonies*,ou barbues,ou à queue : ainsi apparentes,que la
matiere chaude, seiche,visqueuse,espesse,& enflammee du feu
prochein,est en rond, en long, ou autrement disposee & estendue.*Toutefois* les *Anciens* ont diuersement declairé leur fantasie sur la nature de ces impressions,ou apparences aëriennes : comme *Heraclide* estimant que c'estoit une nuee esleuee,
& allumee au plus haut estage de l'*Air*. *Anaxagore*, &
Democrite,croyoient que c'estoit une figure ramassee par l'assemblement de diuerses *Estoiles* errantes,qui se rencontroient

l'une

Diuerses
opiniós des
impressions
ignees , en
l'Air.

l'une auecques l'autre. Les Pythagoriens diſoient, que c'eſtoit
une Eſtoile erratique, ſe montrant ainſi en certein tems ſelon
le tournoyement de ſon cours. Ce qu'ainſi eſtima Aeſchyle
apres ſon maitre Hippocrate, ajoutant pour la cheuelue une
difference d'Elementaire exhalacion auec notre vuë, en refleccion du Soleil. Mais la raiſon ſimplement Elementaire, ſemble plus receuable : meſmes, comme ſignal de chaude & ven-
teuſe ſeichereſſe, non impertinent preſage de guerre, ſterilité,
& autres miſerables calamitez. Ie ſay bien que le cours des
Cometes, continué d'un tel quel ordre, ha donné occaſion de
penſer que ce ſoit choſe plus qu'Elementaire : mais qui conſide-
rera cette apparente inflammacion aërienne, ſuiure le mouuement de l'Air, ou gliſſer, ſuiuant la nature ignee, par l'eſpace qui eſt plein de matiere enflammable, & propre à ſa nourriture, en mode de feu ſur la trainee de poudre à canon, n'en
tiendra autre esbahiſſement. Il s'en vid une ſous le regne de
Neron, au recit de Seneque, ſix mois durant, qui tendoit toujours du Septentrion contre Orient : une autre ſous Claudian
nee en partie Septentrionelle, tendant à l'Occident, qui s'éſua-
nouit aus parties de Midi : ainſi courent elles diuerſement :
meſmes l'An paſſé 1556, celle qui ha eſté vuë au mois de
Mars, ha traſſé une quarte partie du Ciel, commençant aſſez
près de l'épic de la Vierge, tendant contre Septentrion, & faiſant une ligne, en quart de cercle preſque parallele à celle qui
peut eſtre imaginee de l'Epic par Bootes, contre le Dragon. Ie
ne ſay ſi elle eſt ſigne ou preſage ainſi qu'une infinité d'autres
notees anciennemēt. Comme il apparut durant le ſiege de Car-
tage, & en cent autres annees, aſſez notees par les annales des
Rommeins : cōme au tems que Naſica deffit les rebelles Eſpa-
gnols : & l'an fameus des eſtranges mutacions en la Republique Rommeine, que les guerres ciuiles s'éſmurēt entre Au-

k 3   guſte,

Cours des Co
metes.

Cours de la
Comete de
l'An 1556.

Trois Soleils
apparuz.

guſte, & Antoine, qu'outre l'apparence de telz feus aëriens,
trois Soleils furent vûz : ce qui enuiron quatre vingts ans de-
uant auoit ja apparu, lors que C. Marius, & C. Flaccus
eſtoient Conſuls, & encore depuis, l'an que Brute, & Caſſie,
furent deffaits : & au tems, ce me ſemble auoir lù, que Ie-
ſuſchriſt trauailloit ſur terre à notre ſauuement. Telz Soleils
toutefois, ſont naturelles impreſſions nommees Parahelies,

Paraſelines &
autres appa-
rences aërien-
nes.

comme quelques autres de la Lune ſont dites Paraſelines,
qui ne ſont qu'images repreſentees dens une nuee eſpeſſe, hu-
mide & reſſerree à coté de l'une des lumieres dont elles tien-
nent le nom. Les Coronnes ou Cercles, les Verges, Colomnes,
& Arcs en Ciel, apparoiſſent par cette meſme raiſon ſelon
que la nuee eſt commodement oppoſee au Soleil, ou à la Lune,
jointe la refleccion de notre vûë reſſaillante : car les raiz de
noz yeus ſe refleſchiſſent contre nous : comme Ariſtote re-
cite eſtre auenu à un nommé, ainſi que j'ay lù ailleurs, An-
tiphon, qui voyoit toujours ſon image deuant ſoy en l'air, pour-
ce que les raiz debiles de ſes yeus, impuiſſans d'outrepercer
l'air oppoſé, ſe regettoient contre lui, & lui rapportoient com-
me d'un miroir ſon propre ſimulacre. Mais outre ces choſes

La voye La-
ctee ou Gala-
xie.

la voye Lactee, que l'on nomme entre nous le chemin ſaint Ia-
ques, ha donné matiere de bien diuerſes opinions : car les Poë-
tes, voire Pythagoriens, chantent celle marque eſtre des reſtes
de l'embraſement du chariot ſolaire mal guidé par Phaëton :
ou que c'eſt du lait de Iunon alaitant Mercure, ou Hercule :
ou le ſiege des Heroës : ou bien le chemin par lequel l'on mon-
te au Ciel. Auſſi plaiſante (dit Hieromnime) eſt la friuole
opinion de quelques Talmudiſtes, reſuans, que Dieu à la
creacion du Monde laiſſa cette partie imparfaite : bien qu'au-
cuns dient, que ce fut ſeulement un pertuis aupres des deus
Ourſes. Non (reſpondit il aus Anges qui s'enqueroient de la
cauſe)

cause) à faute de puissance, ou de matiere pour l'acheuer: mais
à fin que si quelqu'un se vouloit dire aussi grand Dieu que
moy, je lui offre en parangon de noz puissances l'espreuue de
l'acheuement & cloture de ce lieu entrouuert. Voila (reprint
le Curieux) plus friuolement discouru que n'ont fait les Filozofes, qui recherchans la cause de telle blancheur, ont creu, ou
que la haut, en la plus esleuee region, est un amas de chaudes
& seiches exhalacions, receuant telle impression des raiz des
Astres: ou que le Ciel plus espaiz celle part, y resplendit plus
lumineusement: ou que là, est la jointure du Ciel, composé de
deus demis cercles: ou bien que cet endroit est semé plus espaiz
d'Estoiles si menues, qu'elles ne peuuent estre choizies particulierement, toutefois leur splendeur confuse ensemble, se descouure en cette lactee blancheur: s'il ne semble, auec Anaxagore, que là, l'ombre de la Terre est representee de nuit. Aussi
doit cette apparence auoir lieu au Ciel plustot qu'entre les
Meteores: non comme un cercle simplement (dit Ptolomee)
mais comme une ceinture vraye & choizissable au Ciel: car
tous les autres, Tropiques, Colures, Cercles Polaires, Meridien, Equateur, voire largeur de Zodiaq, sont seulement
imaginacions pour mespartement du Ciel: auquel la Galaxie
ou voye Lactee est plus qu'euidemment reconnue à sa blancheur & multitude d'Estoiles, lesquelles Aristote nomme
Sporades, ceingnant le Ciel d'une courbure contraire au Zodiaq pour se rencontrer auec l'Equinoccial, pres du lieu ou le
Zodiaq en est plus eslongné: & s'eslongner de l'endroit ou
l'Equinoccial & le Zodiaq s'entrecouppent, & ainsi auec sa
courbe splendeur (comme parloit Macrobe) temperer les autres parties du Ciel disposees loing des trasses du Zodiaq, &
moins fauorisees de la chaleur solaire. Sa figure est visiblemẽt
apperçue trencher d'un coté le Portesigne à la fin de sa douzieme

Causes de la
voye Lactee.

La voye La-
ctee estre un
cercle au ciel.

zieme part vulgairement aßignee aus Iumeaus , & au commencement de celle du Chancre : & de l'autre coté opposé,
paßer à la fin de la part donnee au Sagitaire, & au commen
cement de celle du Capricorne : se fendant en deus branches
sous le Cigne , & se raßemblant aßez pres du Scorpion sous

La secôde re-   l'Autel. Mais nous eslongnons trop notre Air, en la region
gion de l'Air.   moyenne duquel sèslieuent les vapeurs de qualité chaude &
humide : ou il auient que la chaleur esteinte ou exhalee, aspi-
rant à la vraye source de soy, jenten au feu, delaiße la matie-

Les nuees.   re euaporee toute froide en la region froide, & par cette occasion, selon la nature du froit, est eßeßie en nuee, & puis par

La pluie.   une certeine compreßion se dißout & relache en pluye, quelquefois coloree diuersement selon les qualitez & substances
des vapeurs esleuees : mais si telle nuee rencontre la froideur

La neige.   plus vigoureuse, elle congelee s'appesantit, & retombe en neige,
de couleur blanche, comme est le propre de toute humeur
aqueuse congelee. En outre, de ces vapeurs de chaude & humide qualité, & esleuees jusques à la moyenne region aëree,

La greße.   s'engendre la greße : apres que la vapeur (merci de la froidure, comme jay dit) est faite nuee : & la nuee, eau tombante
goute à goute, lesquelles par la froideur se gelent & deuiennent greße. Ce qui auient plustot en Automne ou au Printems, voire en Esté, qu'en Hyuer : pource qu'en ces trois premieres saisons la chaleur ha plus d'efficace en attraccion: & cette
moyenne region est plus froide qu'en l'Hyuer : si-plus receuable ne semble l'opinion contraire (car cette partie de recherche naturelle n'est sans grande diuersité) de ceus qui croyent
qu'en Hyuer l'air trop extremement froit ne peut encore se
transmuer en eau, qui par goutes soit arrondie ou formee en
greße : mais eßparpille ses vapeurs en neige seulement : mais
aus autres saisons, principalemêt au Printems & Automne,

la mut

la mutacion fait que l'air reſtreint & reſſerré par l'Hyuer,
ſe relache, ſe diſſout, ouurant la voye à toute cheute & de
pluie & de greſle:laquelle quelques anciens ſurnommez (Cha-
lazophilaces, preuoyoient,& ſous leur auertiſſement le peuple
à beaus ſacrifices d'agneaus chaſſoit les nuees menaſſantes:&
ſe trouuoit tel, qui au defaut de beſte pour ſacrifier,ſupplioit
(tant lui meſmes eſtoit beſte) par l'immolacion de ſon propre
ſang,penſant ainſi appaiſer la cruauté de l'Air,& contracter
auec les nues. Si la vapeur eſt ſutile, mince, & defaillante en
chaleur qui la puiſſe eſleuer juſques en la moyenne region , la
freſcheur nocturne la conuertit en celle eau que nous appelons
Roſee: mais ſi auant qu'elle ſoit conuertie en eau,l'excès de la
froideur la gele : c'eſt ce que nous appelons Frimars. Les nielles ou brouillas s'engendrent d'une vapeur tant peu humide &
chaude,qu'elle ne peut eſtre conuertie en eau, ny eſtre eſleuee
en haut : mais demeure en la region baſſe,preſageant tems ſe-
rein,ſi au rayer du Soleil elle retombe en bas:& ſi elle s'eſlieue
plus haut,ſignifie le contraire. D'auantage, il y ha d'autres
effetz en l'Air, deſquelz les cauſes ont eſté diuerſement aſſi-
gnees.Aucuns ont crû le vent n'eſtre qu'une violente eſmocion
de l'Air,& ne receuoient autre difference entre l'Air,& le
vent, que par le mouuement, & le repos. Democrite diſoit
le vent proceder de pluſieurs Atomes aſſemblez en un vuide:
& Metrodore, ſuiui de quelques Stoïques , d'une exhalacion
aqueuſe , deſeichee par le Soleil. Toutefois les Ariſtoteliques
de plus receuable opinion, en ont donné autre raiſon : logeant
la generacion des vents, au reng des exhalacions chaudes &
ſeiches, attirees par la chaleur Solaire & celeſte, juſques à la
moyenne region de l'Air , de contraire qualité par ſon ordinaire froideur.Là,diſent ils,s'engēdre un combat merueilleus:
car l'exhalacion tâchant de monter plus haut en la premiere

l   region

Superſticion
des Chalazo-
philaces.

La roſee.

Les frimars.
Les nielles.

Les vents.

region aërienne, qui lui est plus conforme, est empeschee & re-
poussee en bas par la froideur: & ainsi se violentans l'un l'autre, font naitre cet effet impetueus, que nous appelons Vents:
inuentez par Nature souuereine, non à autre fin que pour esmouuoir l'Air, & l'Eau, à fin que le repos continuel ne les
empire de putrefaccion, & corrupcion à la mortelle ruïne de
tous les animaus, qui prennent vie en ces deus Elemens: tellement qu'ils ont esté appelez Esprit, ou Souffle: combien que par
ce mot Esprit, soit souuent par les Filozofes naturelz enten-
due celle Nature seconde & animee, qui est parmi les Plantes, & parmi les Animaus. Les Esprits donq qui soufflent en
l'Air, se nomment Vents. Il y ha certeines respiracions procedantes de l'humidité, qui sont appelees Aure. Il y en ha
d'autres, que la Terre respire, nommez par les Grecs ἀπό-
γαιοι, que nous pourrions dire possible Terrissus. Car en plusieurs lieus la Terre est entr'ouuerte pour faire place, & pre-
ster issue au Feu nourri dedens ses secrettes entrailles, & aus
Esprits venteus, tres dangereus d'en approcher, comme esprou-
ua Pline trop curieus: pource qu'aucuns soupirent certeines
exhalacions, desquelles les hommes espris deuiennent ou Fa-
natiques, transportez du cerueau, ou consumez de Phthise &
affeccion pulmonaire, ainsi que Galen assure des cauernes
metalliques: ou meurent soudeincment. Quelques autres, &
ce auec la creance d'Aristote, sont esmus d'une puissance di-
uinatrice, comme en Delphe, Lebade, & ailleurs. Autres
vents sont dits ἐκνεφίαι, comme Nuenaiz, pource qu'ils s'engendrent, quand les nuees se rompent & s'entrepoussent en la
resolucion de leurs espesseurs: ἐξυδρίαι, cõme aqueus ou aquatiques, sont vents qui s'esmeuuent auec les pluies impetueuses.
Les Astrologues (dís je) n'ont oublié de mesler par ici la vertu des cinq Planettes & des deus lumieres, à chacune desquelles

quelles ils font auouer quelque vent : toutefois auec difficulté
non decidee, & laissee plus en opinion, qu'en science. Quoy que
ce soit (ajouta le Curieux) si est la connoissance des vents ju-
gee tres necessaire par Hippocrate, ausquelz il rapporte une
merueilleuse puissance sur les corps humeins. Ce qu'il descouure disertement, outre les Aphorismes, quand il escrit de
l'Air, des Eaus, & des lieus : & vous ay oui souuent approuuer sa doctrine, comme esprouuee en vous, mesmes aus defluc-
cions & autres accidens du cerueau, qui se resout en plus
d'humidité : ou restreint ce qui est sain en lui, & laisse couler
en excrement ce qui est vicieus, & trop humide : selon que le
vent Austral ou Aquilon Septentrional s'eslieuent. Mais
comme en est la science à main, aus Pilotes, & aus Geografes ? ceus ci comme sus une partie de leurs professions, en discou-
rent clairement, &, contre l'auis de ceus qui anciennement ne
croyoient qu'un vent, en constituent quatre premiers, selon les
quatre pars du Monde : nommez par les Poëtes : d'Orient,
Eurus, d'Occident, Zephire : de Septentrion, Boreas, & de
Midi, Auster. Mais les Geografes en disposent, outre l'auis
de Pline, qui les restreint à huit, trois de chacune partie : à sauoir, trois Orientaus, trois Occidentaus, trois Meridionaus, &
trois Septentrionaus : ce nombre est acrù jusques à seize. Et
en fin les Nauigateurs, ausquelz l'usage & les perils ont accompli l'industrie, en reconoissent trentedeus, en quatre vents
principaus, des quatre points du Monde, & quatre collateraus à ces premiers : puis en huit demi vents, nommez des principaus, & collateraus, comme les collateraus le sont des principaus. Les autres seize, sont quarts composez, tellement que
chacun des quatre principaus, & des quatre collateraus, est
accompagné de deus quarts, l'un deça & l'autre delà. Vous
sauez comme en differentes Mers ils ont diuers noms : car noz

l 2   Marin

Connoissance
des vents ne-
cessaire en la
Medecine.

Doctrine des
vêts selon les
Geografes &
Mariniers.

*Mariniers Septentrionaus, appellent le Septentrional, Nort:
le Meridional, Sud: l'Oriental, Eſt: & l'Occidental, Oeſt.
Mais les Mariniers qui traffiquent la Mer de Leuant, les
nomment d'autre ſorte, ſelon les langages des regions mariti-
mes: ou lon peut faire plus ſeure preuue qu'en autre lieu, des*

Mouuement
des vents.

*vents, & de leur mouuement qui ſe fait en flanc, ou en rond:
& non de bas en haut, ny de haut en bas. Car le tourbillon*

Tourbillon
vent.

*qui, pouſſé pyramidalement, ſemble eſtre de bas en haut, eſt
un effet accidental de deus vents oppoſez, & ſoufflans en face
l'un de l'autre, qui, en ce combat, contreſſaient de ſe veincre, en
opiniatre force eſleuant & tournoyant la poudre, le foin, la
paille, les feuilles, & autres choſes legeres, voire l'Eau en telle
violence, que ſur la Mer les nauires en periſſent ſouuent.
Auſſi de telle cauſe prouient celle impetueuſe horreur, qu'ils*

Tonnerre &
eſclair.

*appellent Tempeſte: accompagnee de tonnerres, eſclairs & fou-
dres, & telz Meteores: deſquelz Empedocle & Anaxagore
curieus de connoitre la cauſe, ſe perſuaderent que dens les
nues, ſoit par les raiz du Soleil, ou par la procheine chaleur
de la region du Feu Elementaire, il s'engendre du feu, duquel
la ſplendeur nous apparoit en eſclair, & quand il s'eſteint, fait
ce bruit qu'on appelle Tonnerre. Quelque autre ha donné cauſe à l'eſclair, ſur la chaleur des raiz Solaires, arreſtez dens les
nues. Et Clideme diſoit que ſeulement c'eſtoit une apparence
vaine, & qu'ainſi que l'Eau frapee de nuit, au rejallir ſemble
rayonner quelque ſplendeur, auſſi l'humidité eſmue par quelque vent dedens les nuees, fait ce que nous diſons eſclairer. Outre ces opinions, comme l'erreur d'autrui nous ouure facile
chemin de la verité, il ha ſemblé plus vray ſemblable de dire,
que le Tonnerre ſoit un ſon engendré par la violente rencontre des exhalacions chaudes & ſeiches, hurtant impetueuſe-
ment une nuee: & l'eſclair eſtre une inflammacion de meſme*

exhalac

exhalacion, dardee legerement de l'encloz des nuees, rompues
& entrouuertes par la violence & mouuement des exhalacions : effet, qu' Aristote compare au bruit sortant d'un bois
qui petille en brulant, sous le nom de Riz, ou Menasse, de
Vulcan & Vesta. L'esclair est premierement vù, que le tonnerre soit oui : pource que l'oreille n'est si prompte que l'œil à
receuoir les obgetz de son sens : combien que tous deus soient
d'une mesme cause, qui preste encores l'estre aus foudres, di- *Foudre.*
uersement, & de diuerses sortes : car cette exhalacion abondante, endurcie, espessie, & quelquefois enflammee, cherchant
issue, se fait ouuerture par l'Air nueus, d'ou elle tombe ça bas,
en cheute impetueusement de son nom foudroyante : & ce
quelquefois plus, & quelquefois moins dommageablement.
Car si la matiere de la nuee & exhalacion visqueuse, est endurcie en sa region aërienne, comme la tuile en un fourneau:
il en tombe une pierre de tant violente impetuosité, qu'elle brise, rompt, & ruïne tout ce qu'elle rencontre, ne pardonnant
aus plus massiues portes, & couuertures : non aus murailles
plus espessement massonnees. Il auient quelquefois, que le
foudre est sutil, & sutilement enflammé : transperçant &
comme venteus, coulant par les plus estroites fendasses : & de
cette façon vrayment s'engendrent les plus miraculeus ouurages de l'Air, quand sous le nom de Typhon par certein mou- *Typhon.*
uement tournoyant, se voyent des plus profondes & tenantes
racines, les arbres incroyablement arrachez. Tel foudre brule
& noircit ce à quoy il s'attache, comme un charbon est desei-
ché & noirci. Un autre foudre, nuisant plus legerement, ne
fait que souffler, sans rien ou peu mal faire. Un autre embra-
se, brule, & consume soudeinement. N'est ce effet de difficile *Merueilleus*
creance, que tel foudre brise & met en poudre les corps de plus *effets de la foudre.*
resistente durté, qui passe comme insensiblement à trauers

L 3   les

les tendres & de nulle deffense, sans aucunement les offenser?
Vous diriez qu'il veut forcer les fermes & durs à donner place, & pardonner aus moins espais & contretenans, qui par
leurs pores ou naturelles fissures lui cedent & prestent toute
issue. Vrayment entre les admirables choses que ce suget m'a
offert, comme briser l'espee sans empirer le fourreau : fondre
l'argent sans endommager la bourse : raser le poil sans enta-
mer la partie ou la chair : esteindre la vie dens le corps, sans
laisser apparence d'aucune blessure : entrer en un lieu cloz, &
là faire cent choses que mal aisément l'artifice sauroit contrefaire, puis en sortir sans aucune ouuerture euidente : j'ay
esmerueillé sa contagieuse & pestilencielle faculté. Car d'un
vin congelé par la foudre, vous sauez assez qu'il peut sans re-
spandre le vin, mettre un vaisseau en pieces, & qu'il le congele,
& encores que trois jours apres il retourne en liqueur : mais
d'un tel vin, nul ne peut boire sans mourir bien tot, ou du
moins souffrir une perturbacion de cerueau, & farouche
transport d'entendement. Aussi telz miracles, pour leur difficile preuue naturelle, ont esté inscrits entre les secrets misteres
des anciennes religions : tellement qu'ils ont disposé en trois
rancs, les Manubies, ou municions des foudres de Iupiter. Ie
veus dire, qu'ils croyoient que Iupiter foudroyoit en trois sortes. Par la premiere, qui est gracieuse, & non nuisante, estoit
crù ce grand Dieu, auquel elle est peculiere, amonester les humeins. La seconde qu'il descoche bien, mais non sans le conseil
& auis donné par accord des douze Dieus, proufite, & toutefois ce n'est sans dommage. La troisieme, comme punicion &
satisfaccion de la diuine vengeance, se fait par Iupiter, auec
le consentement de l'entiere troupe des Dieus superieurs.
Ainsi ont theologisé les anciens sur le foudre, duquel ils ti-
roient certeins presages & jugemens des choses auenir, distin-
guans

guans la significance du signe : ou en perpetuelle & durable,
toute la vie de l'homme : ou en determinee, qui presagit quelque chose à un certein jour : ou en dilayable, de laquelle l'effet
signifié peut estre differé, mais non pas restranché, ou euité du
tout, contre la volonté de Iupiter, duquel ils disoient les foudres estre les dars : comme ils donnoient à Saturne pour ses
larmes, la Mer : qu'Aristote appelle Eau simplement : aumoins dit que le lieu, lequel nous voyons estre occupé par la
Mer, est le lieu de l'Eau : Element, froid, humide, plus pesant
que l'Air, & plus leger que la Terre, alentour de laquelle il
flotte, la couurant en partie, & en partie la laissant autant
descouuerte que requiert la vie & l'aisee demeure des animaus, ausquelz Nature n'a produit plus necessaire chose que
cet Element, le nom duquel est approprié à la Mer, combien
que diuerses soient les especes d'Eaus, ou coulantes, ou dormantes, ou pluuieuses, ou fontenieres , ou pour n'aleguer les artificielles, marines, & salees : de la nature desquelles il s'est rendu
plusieurs & diuerses raisons. Car aucuns ont pensé, que de la
Terre eschaufee par le Soleil, la Mer est coulee comme une
sueur. Les autres, qu'un tems la Terre fut toute noyee sous les
Eaus, & que petit à petit l'eau consumee par la chaleur Solaire , ha laissé à descouuert les Terres à present apparentes,
croissantes de jour en jour, comme l'eau diminue , jusques à
ce qu'elle sera deseichee du tout. Entre les opinions profanes
(dit Hieromnime) il ha pleu à la souuereine source de verité,
ou, pour mieus dire, à la verité mesmes, de semer quelque
estincelle & apparence de vray : comme lon peut connoitre
en l'auis de ceus, qui , possible ayans luz les liures de Moyse,
croyoient la Terre auoir au commencement esté cachee sous
les Eaus, sur lesquelles le Soleil. Car quel corps mondein selon
nostre Escriture, & mesmes selon l'opinion Platonique , merite

rite mieus d'entrer en si haute comparaison? Le Soleil donq,
c'est adire l'Esprit de Dieu, s'estendant pour rendre la Terre
seiche & apparête, fit la separacion des unes aus autres Eaus:
l'enten des Eaus celestes, & des Elementaires, disposees en tel
ordre, que dessus & dessous les corps etherez elles seruent de
refroidir & humecter la chaleur, qui, sans telle temperature,
auroit desja tout consumé d'un embrasement inextinguible.
Les Eaus inferieures & Elementaires sont en telle euidence,
que la preuue seroit superflue & oisiue: & des celestes, la sainte escriture porte souuent témoignage franc de toute excep-
cion : car l'Hystoire de la creacion les nomme plus que clerement, & les cataractes & portes du Ciel desclases pour
l'inondacion du deluge, ne peuuent à mon auis autrement
s'exposer. Vous aurez (reprint le Curieus) telle assurance qu'il
vous plaira des celestes : mais je treuue encores aus Elementaires & plus materielles, assez de confusion: mesmes que l'opinion n'est approuuee de ceus, qui croyent par les fonteines coulantes incessamment, estre fait ce grand amaz d'Eaus que
nous appelons Mer : qui semble plus croyablement à quelques autres, estre Element d'Eau non engendré ny corruptible en son entier: muable toutefois, c'est adire changeant de place, selon que le tire la celeste naturelle vertu, s'il faut ajouter
foy à ceus qui dient les Gades Orientales, esleuees un tems fut
par Cyrus, ou par Semiramis, ou par Alexandre, du conseil
de Beton, & Diognete : & les Occidentales, nommees le Ca-
stel Pharamond, rapportees à Briaree, ou Hercule, donner
signe euident de marine mutacion : vû que, disent ils, celles
qui furent posees pour borner & faire limite au riuage de la
Mer Orientale sous la ligne Ecliptique, sont meintenãt noyees
non moins d'un mile en Mer, & les Occidentales pareillement
dressees, pour un joingnant confin de la Terre & la Mer:
eslongn

Deus sortes
d'Eaus, cele-
stes & Elemê-
taires.

Mouuement
de la Mer.

eslongnent meintenant la Mer de mesme espace : témoignant
que de la part d'Orient la Mer auancee d'un mile sur la
Terre, en ha autant laissé à sec au finage Occidental. D'auantage on ne peut que trop grossierement nier les cours & recours ordinaires & euidens, à la Mer : diuers selon les regions diuerses, desquelz la plus generale cause semble estre la
naturelle inclinacion de l'eau coulante du haut contre bas : &
l'assurance toute esprouuee par ceus qui ont couru diuerses
Mers, qui confessent la Septentrionelle estre plus haute, comme la raison nous peut aisément persuader : car cette partie
est moins eschaufee par le Soleil, & aussi moins deseichee, &
par necessité l'humidité plus abondante : dont la Mer enflee,
se meut de Septentrion en Orient, d'Orient au Midi, & de
là en Occident, pour du Septentrion continuer son cours uniuersel, & journalier : contraire, à la façon du Ciel, au grand
& lent mouuement que j'ay dit se faire d'Occident en Orient.
Lon peut ajouter aus Mers particulieres (car ce que je vien de
dire, appartient plus au grand Ocean) les montaignes join-
gnantes, & les fleuues y descendans continuellement, qui à
l'auis de Timee, enflent ainsi les Eaus. Mais en ces miracles
la vertu Lunaire est plus approuuee cause : car selon le monter ou descendre, & la pleine ou vuide apparence de la face
de cette Planette, la Mer fait apparoir son croit ou descroit
ordinaire : à sauoir chacun jour par six heures, & quelques
minutes successiues au flot & reflot, c'estadire enuiron de
vingt & cinq en vingt & cinq heures. Ioints les diuers effets
au cours entier d'une Lune sous nom d'Eau Uiue & d'Eau
Morte, selon la septenaire reuolucion de ces quatre faces &
apparences, obseruees d'une gentille & proufitable curiosité
par les Pilotes anciens : & prouuee par les Filozofes, qui ont
ajouté aus autres raisons de ce mouuement, un esgard de la
m   prouid

Le croit &
descroit de la
Mer.

prouidence naturelle, à la conseruacion de l'Air & des Eaus,
qui non esmues seroient auec le tems corrompues & depra-
uees de putrefaccion : ainsi que fait foy l'experience de l'Eau
marine, regettant du moins à toute pleine Lune les corps
morts & autres ordures qu'elle enseuelit, & corruptible, si
sans estre esmue elle est reposee dedens quelque vaisseau. Vrayment cette partie du Monde est digne de grande admiracion.
N'est' ce chose estrange, qu'en Mer calme se voyent en un moment les Nauires, comme si elles faisoient eau de toute part,
aller à fond ? Ie n'en say autre raison, sinon qu'ils passent sur
quelques abismes, ou l'eau est morte, & impuissante de
soutenir le faix : cõme la Mer est pleine de goufres, d'abismes,
de regorgemens, haussemens, &, s'il faut ainsi parler, enflures
d'eaus, qui engendrent meintefois de telz flots & reflots que
ceus qui se font selon le cours de la Lune. Moins n'est esmerueillable, qu'au milieu de la largeur marine se soupirent des
euaporacions de feu, sourdent des sources de fonteines, sou-
urent des portes de fleuues, apparoissent naitre des arbres, &
s'y forment autres telles merueilles de Nature. Mais combien ont diligenté les Naturels à la recherche des causes de
la salure de la Mer ? Ils ont crù, ou que la cheute continuelle
des pluies, abondantes en acrimonie par les vapeurs adustes,
en estoit cause: ou argumentoient en comparaison de la sueur:
car ils disoient la Terre auoir sué la Mer: les autres pensoient
que dens la Mer y auoit des montaignes de sel, d'où son eau
receuoit telle qualité. Quelqu'un ha crù, que le Soleil esleuant
en exhalacion le plus sutil des Eaus, & cuisant par sa continuelle ardeur ce qui reste de plus espais & terrestre, lui ha
laissé, & laisse toujours telle salure : qui s'adoucit, quand l'Eau
escoulee par la Terre, fait issue en fleuues, fonteines, ou riuieres: desquelles aussi lon ha jugé diuersement. Car si l'un ha dit
que

Estranges
effetz en la
Mer.

Raison de la
salure de la
Mer.

que les fleuues & fonteines ne sont qu'un escoulement des Eaus pluuieuses, reçues, & conseruees en telle abondance, au cauer- neus giron des montaignes, ou de la Terre : les autres ont af- fermé que l'Air encloz dens les cauernes froides & ombreu- ses, puis reduit en une espesseur comme paresseuse, est trans- mué en vapeur distilable, & goute à goute rechet en liqueur, d'ou s'accroit telle abondance d'Eaus, sauoureuses de diuers gout, selon la qualité des vapeurs desquelles la metamorphose leur sert de cause, & la corrupcion de generacion : ou selon l'accident souffert en la transmutacion : ou possible selon qu'el- les retiennent des Terres, par lesquelles elles sont escoulees. Comme encores elles sont en plusieurs lieus chaudes, voire bouillantes : non croyablement, pource que les raiz Solaires se dardent parmi quelques endroits de la Terre amollie, jus- ques aus profondes cauernes des Eaus, eschaufees par telle cha- leur : & moins pour le vent enfermé dens les sources aquati- ques, ou à cause du mouuement qu'elles font par diuers preci- pices d'un en autre rocher : mais plustot pour quelque cha- leur viuante au fond de la Terre : ou plus soutenablement, pource que la matiere, par laquelle elles passent en coulant, est sulfuree, bitumineuse, ou de semblable qualité : joint un feu na- turellement viuant auec telles matieres, qui laissent aus Eaus la saueur telle que lon peut discerner facilement au gout. Si mieus ne plait à quelquun d'accorder le different qui est entre Aristote, & Theophraste, princes de la connoissance des ef- fetz de Nature, qui ha fait plusieurs montres de sa diuersité esmerueillable aus Eaus. Qui auroit crù sans espreuue, tant eust il oui de témoignage bien autorisé, qu'un fleuue des Cico- nes, ou un Stix en Arcadie, eust si violente puissance d'endur- cir, qu'au boire les entrailles s'en transmuent en pierre ? & que toute chose y plongee, soudein soit enuelopee d'une escorce

m 2

pierreuse ?

pierreuſe? Semblable merueille eſt prouuee en Sarne, Surie, & quelques autres fleuues, d'ou vous retireriez tout pierreus, un rameau, un bouquet, un gand, ſi vous l'y auiez plongé: meſmes en Silare, duquel l'eau neanmoins n'eſt aucunement dommageable pour boire. Les lumens nourries aus paſtiz arrouſez du fleuue Aſtace, ont le lait noir. Et en Dodone tant fameuſe entre les Anciens, eſt un fleuue qu'ils tenoient ſous la tutele de Iupiter, duquel l'eau eſt froide, & eſteint les torches allumees ſi on les y plonge : mais plus admirablement elle allume celles qui y ſont plongees toutes eſteintes : outre ce qu'au midi ſon eau defaut, & demeure quaſi à ſec, recroiſſant ſelon qu'approche la minuit, qu'il eſt plein à toute riue, recommençant à defaillir juſques au midi, puis continuant ainſi ſon ordinaire cours ſuiuant l'abſence & preſence Solaire. Voudriez vous ouir plus incroyable effet, que d'un ſourgeon d'eau en Sicile, ou les oiſeaus & autres animaus eſteins, plongez reſſuſcitent? ou de la fonteine ſacree de la meſme region, dedens laquelle ils reconnoiſſoient les paroles vrayes, des parjurees & menſongeres, auec telles ceremonies qu'a eſcrit Ariſtote? Vous auez en memoire Cephiſſe, & Melas, fleuues de Beotie, deſquelz le premier blanchit les moutons noirs, & l'autre noircit les blancs: ce que l'on recite eſtre fait par l'eau d'une riuiere en Macedoine : car celui de Capadoce eſtend cette vertu de teindre en autre poil le cheual ſeulement. Ie ne veus, pour ne vous ennuyer, amonceler ce que j'ay lù de ſemblables merueilles en Ariſtote, Pline, Seneque, Pauſanias, & autres, tant Filozofes que Hiſtoriens, qui ont recueillis grand nombre de miracles à ce propos : comme des eaus douces nageantes apparemment ſur les ſalees: des douces, ſur les douces, comme le Roſne au Lac de Geneue, & Titareſe (ſurnommé gracieus & deſirable par Homere) au fleuue Penee: puis de quelques eaus qui ſoutiennent

nent la tuile sans la tirer à fond : d'autres qui enyurent, comme celles de Lynceste : & d'autres qui desenyurent, voire laissent un contrecueur de vin à ceus qui s'en lauent ou abreuuent, comme lon lit du Lac Clitorie : d'autres qui abestissent
l'entendement, comme une fonteine en l'Isle de Cée : ou effacent
la memoire, comme Lethes en Beotie, aupres du fleuue Orcho-
mene. Telles donques sont les diuerses facultez entremeslees en
cet Elemēt, duquel toutefois la plus singuliere & propre puissance, est le refreschissement & l'usage de boire : à quoy le chois
requiert par la doctrine de Galen, trois notables espreuues. La
premiere est au gout, auquel elle ne doit rapporter aucune
qualité sauoureuse : la suiuante à la vuë, qui la juge claire,
nette, & sutile : & la derniere, est à l'odorer, ou fleurer : mot
que je retien volontiers de noz peres, comme deduit des fleurs
coutumierement odorantes, combien qu'il semble à quelqu'un
suranné. Donq à ce sens soit choizie l'eau priuee de toute
odeur. Urayment aussi la saueur, la couleur, & l'odeur, sont
trois sens, de jugement non refusable : ausquelz toutefois le diligent Medecin ajoute que l'eau soit legere, soit facile à estre
eschaufee & refroidie : pour la difference des crues, mal sai-
nes, & de celles qui sourdent & coulent par les lieus moyennement eschaufez par la naturelle chaleur de la Terre, qu'ils
appellent cuites, salubres, & trespropres à boire. Encores
prend il curieusement garde au lieu par lequel l'eau s'escoule,
s'il est plein, si c'est une valee : joingnant une, ou entre deus
montaignes : si la region est froide, chaude, ou temperee : puis,
quelle part du monde elle vuide son cours, si c'est ou Orient, ou
Occident, ou Midi, ou Septentrion : d'auantage il considere
la saison, si c'est Printems, Esté, Automne, ou Hyuer. Car
telles circonstances ont une puissance grande de conseruer ou
changer les qualitez des Eaus. Autres Eaus sont dormantes,

Ce qui est re-
quis au chois
de l'Eau bon-
ne à boire.

m 3   de lac,

de lac, de palus, ou marets, qui sont quasi mesme chose : excepté que les lacs qui reçoiuent des riuieres, des fonteines, & des ruisseaus, abondent en plus profondes eaus que les palus marescageus, dens lesquelz n'entrent que quelques ruisseaus, & de riuiere point, ou raremēt. Mais quoy que ce soit, telles eaus, c'estadire amassees & dormantes, sont un breuuage pernicieus : comme endurcissant & dilatant plus que naturellement la ratelle, impuissante par tel accident d'attirer & purger la melancolie, qui meslee auec le sang, engendre des fieures quartes : & vaporee au cerueau, y forme des transports d'entendement : ou descendant au siege, esmeut quelques Hemorroides. Encores dient les Medecins, que de telle cause procede l'hydropisie par une obstruccion de foye, & des veines, par lesquelles le sang aqueus doit s'escouler aus reins, & quelques autres maladies. Au remede desquelles les Empiriques ont appelé des eaus artificielles & distilees : par la chaleur du Soleil, ou du feu, ou du fumier : & ce autant diuersement, que les vaisseaus Alchimistiques peuuent prouuer. L'usage toutefois de ces Eaus requiert quelque respect, & semble que celles qui ont esté tirees par le verre en la façon qu'ils nomment Balneum Mariæ, retiennent plus de qualité des simples, d'ou elles sont distilees, que celles qui sont esleuees dens le plomb par feu plus vigoureus : duquel la flamme, ou le charbon, mesmes la diuersité de la matiere embrasee, comme bois vert, bois sec, bois pourri, & autres differences, ou de l'entiere substance, ou des qualitez accidentales, ont grande puissance à diuersifier, & le feu, et la qualité de la chose distilee. Le Curieus ayant fait une bien courte pose, & voyant que nous l'escoutions d'une affectueuse attencion : Vrayment (continua il) il ne faut trouuer estrange, si diuerses sont les opinions de l'estat du Ciel & des Astres tant esleuez sur nous & sur notre jugement, puis

que

que l'entiere & vraye connoiſſance d'un Element tant familier à notre vie, ne nous eſt donnee que bien douteuſement:
meſmes que la Terre, qui eſt la partie du Monde plus procheine & peculiere à l'homme, eſt aſſez mal connue: au
moins entre les plus diligens naturels eſt d'eſcrite en pluſieurs
contraires & inapointables opinions. Aucuns, comme Thales & ceus qui l'ont approuué, diſoient qu'il n'y auoit qu'une
terre apparente, laquelle les Stoïques faiſoient finie: mais Xenophane Colophonien, dit que contre bas deſſous notre partie
habitable elle eſtoit eſtendue en une profondeur infinie. Thales & les Stoïques ont eſté d'accort de ſa forme ronde: contre
l'opinion d'Anaximandre, qui la figuroit en colomne: &
d'Anaximene, qui la diſoit eſtre plate comme une table: auſſi
pertinemment que Leucipe la deſcriuant en Tympane, &
Democrite aſſurant qu'elle eſtoit creuſe au milieu, & tendue
en largeur à la forme d'un plat. Mais les Pythagoriens, qui
ont long tems eſté la plus nombreuſe & fauoriſee ſecte, ont
ſoutenu principalement l'opiniatre Oecete, que cette maſſe
Terreſtre eſtoit une Eſtoile fichee au Ciel, ſans ceſſe tournoyãt,
& par ſon tournoyement rencontrant le jour & la nuit ſucceſſiuement: à l'oppoſite de laquelle il y en ha une autre ſur-
nommee Antichthone. Encores ont plus eſtrangement opiné
ceus, qui par les Eclipſes Lunaires plus frequentes que les Solaires, ont conclu qu'il y ha pluſieurs terres tournoyantes inceſſamment, &, par oppoſicion de la notre, inuiſible à noz
yeus. En fin eſt demeuree l'opinion commune, que la Terre
eſt une maſſe Elementaire, droitement diſpoſee enuers le Ciel,
comme ſeroit un point ſeruant de centre à une circonference.
Autrement ſi elle eſtoit plus procheine d'une part du Ciel
que de l'autre, les Eſtoiles de ſa partie voiſine ſe montreroient
plus grandes, & les Horizons ne couperoient les grans cercles
celeſtes

celestes en deus parties, ny le *Zodiaq*, laissant toujours six Signes dessus notre *Hemisphere*, & six dessous, comme preuue
le premier *Theoreme* des *Fenomenes d'Euclide*. L'opinion de
Nicete, *Heraclide*, *Ecsante*, & autres qui disoient que d'autant qu'elle est ronde, plus aisément on la doit croire muable,
est par mile argumens confutee & des *Phisiciens* & des *Ma*-
thematiciens : desquelz la plus auouee partie assure qu'elle ne
se meut aucunement, mais demeure en sa place au centre de
l'*Vniuers*, soutenue en repos, possible par balancement d'equilibre naturel, & non par l'ayde de l'*Eau*, sur laquelle, disoient
les disciples de *Thales Milesien*, elle nage comme vous voyez
le bois sur la riuiere. Et à mon jugement que ce tems ne
voit point d'hommes de cette opinion, tant elle est peu accompagnee de raison. Car, ainsi que repliquoit *Aristote*, qui croiroit que toute la pesante masse *Terrestre* fut soutenue de l'*Eau*
plus legere, vù que la moindre partie de la terre mise sur
l'eau, soudein se plonge à fond? Mesme faueur de creance ren-
contrera la comparaison d'une *Clepsidre*, ou arrousoir de jardin, mise en auant par *Anaxagore*, *Anaximene*, & *De*-
mocrite, pour prouuer la terre immobile à raison de sa forme
plate, qui ne la laisse bouger, pource que l'air pressé sous elle,
& impuissant de se trouuer issue par tant massiue & resser-
ree espesseur, la soutient. Les *Peripatetiques* ont effacé tous
telz argumens, & les sutils *Mathematiciens* : qui par les
Eclipses Lunaires & autres apparences ont rencontré plus
de persuasion. Toutefois il ha semblé encores de notre tems à

Que la Ter-
re se meut, &
non le Ciel. plusieurs doctes, que le mouuement est plus pertinent à la *Ter*-
re qu'au *Ciel* : pource (soutient une partie) que par consentement presque uniuersel des *Filozofes*, tout ce qui est dessus la
Lune, est eternel, non perissable, ou suget au dommage d'aucune mutacion, & au contraire ce qui est en la souslunaire

& tra

& baſſe partie de l'Uniuers appert tout caduque, periſſable,
& trauaillé par continuels changemens, qui ſignifie que là
haut tout eſt conſtant & ſans mouuement, & ça bas tout eſt
muable & inconſtant. D'auantage qui doute, que mouuoir
ſoit autre choſe que remuer d'un en autre lieu? ou pour le
moins, qui pourroit nier que mouuement ne ſe faſſe en lieu?
& le Ciel eſtant de toutes pars eſtendu en conuexité infinie
du Tout Uniuerſel, quelz lieus pour ſe mouuoir d'un en autre lui peut on imaginer, ou quel lieu unique ſe peut comprendre outre Tout? car il ne leur plait de donner au Ciel une fin,
ou un bout, outre lequel autre choſe ſe treuue. Puis ils ajoutent eſtre plus croyable, que Nature n'a enuelopee la Terre de
l'Eau & de l'Air, ſinon que pour lui laiſſer, par ces gliſſantes
& liquides ſubſtances, facile & non empeſché chemin pour
ſe mouuoir. D'auantage, tout mouuement eſt fait par peſanteur, & la priuacion de mouuement par legereté : quoy confeſſé, concluent que donq la Terre peſante ſe meut, & non le
Ciel, auquel la legereté & priuacion de pois eſt peculiere.
Encores leur ſert d'argument par comparaiſon, le ſurnom de
petit Monde à l'homme : duquel la teſte accomplie de plus de
beauté, eſt illuſtree d'yeus, comme le haut du grand Monde
eſt ſemé d'Eſtoiles : & dens la teſte habitent la raiſon, la fantaſie, la memoire, & la volonté, comme dens le Ciel, Dieu, &
les Eſprits eternels : & toutefois la teſte ne chemine point,
mais bien les pieds, comparez aſſez proprement à la Terre
plus baſſe partie Elementaire du grand Monde. Ioint que
l'homme, ſeul animal diuin, & doué de raiſon, n'eſt capable
de mouuement, quautant quil habite la Terre : car apres que
ſa partie meilleure ha laiſſé le corps, il demeure en repos immobile : & que tout ainſi quen l'homme, & tous animaus, le
cueur, logé au milieu, eſt premier mouuant, & ſource de tout

n   mouuem

mouuement : aussi la Terre au milieu du grand Monde, qui
est animal selon Timee, se meut, & est source de tout mouuement, pour esmouuoir les autres Elemens à generacion. Possible (dis je) est ce l'auis de Platon, assurant qu'aucunes choses
se font toujours, & si ne sont jamais : c'estadire les inferieures
& Elementaires, frailes, caduques, inconstantes, & continuellement poussees en euidente mutacion. Il y ha d'autres choses,
qui jamais ne se font, & si sont toujours, c'est à sauoir les celestes, eternelles, & exemptes de tout inconstant changement. Ce
que representoient les anciens Poëtes Lyriques, qui, chantans
aus sacrifices ou publiques ceremonies selon leurs religieuses
institucions, se mouuoient au commencement à droit, & à
gauche, aus nombres & mesures des Strofes, & Antistrofes,
refigurans la caduque inconstance, & les variables mouuemens de ça bas : puis quand ils adressoient l'Epode aus Dieus,
ils s'arrestoient coy, pour donner entendre que la Diuinité repose en lieu ferme, & non inconstant ou muable. Il me souuient (reprint le Curieus) qu'entre plusieurs autres raisons, si
raisons s'appellent, ils alleguent estre plus raisonnable par un
consentement naturel, à celui qui est necessiteus de chercher,
desirer, & inuoquer l'ayde, qu'à celui duquel l'ayde depent, de
suiure ou aller chercher à qui bien faire. Ils veulent dire, que
le Ciel ne peut, par le moyen de la Terre, rien ajouter à sa
perfeccion, & qu'il n'y ha aucune apparence en lui de necessité, ou inclinacion, qui le meuue à chercher la Terre : à laquelle,
au contraire, la lumiere & la viuifiante vertu celeste est tant
necessaire, qu'il est aisé à croire que l'appetit ou l'inclinacion
naturelle la pousse à rechercher d'un mouuement les parties
du Ciel, commodes à lui rechanger les saisons, & donner cause
aus generacions qui la rendent utile & feconde : en quoy est la
fin de son estre : dont tant d'herbes & fleurs amies du Soleil,

& esm

& esmuës selon qu'elles le souffrent, portent assez bon témoignage. Toutefois leurs raisons, tendantes à prouuer que la
Terre se meut au centre des Cieus immobiles, demeurēt moins
fortes contre les inconuéniens conçuz par les diuers mouuemens des Estoiles, Planettes, & lumieres, desquelles les unes
sont vuës en mesmes tems branler d'Orient en Occident, &
les autres au contraire : voire du Midi & du Septentrion.
A quoy ne respond suffisamment la comparaison du bateau
vogant, qui semble ne bouger, & que les arbres, & le riuage
cheminent. Nicolas Copernic (prins je la parole) d'une dextre
et admirable sutilité ha renouuellé un Paradoxe presque semblable à celui d'Aristarque Samien, duquel Archimcde en
son denombrement d'Areine fait mencion, donnant au centre du Monde, le Soleil immuable, & de mesme fermeté le
Ciel huitieme, à l'extreme conuexité de la rondeur mondeine,
disposant au reste six spheres mobiles. La premiere plus procheine de la sphere des Estoiles fixes ha Saturne qui acheue
son cours en trente ans : sous lui est Iupiter mobile d'une reuolucion de douze ans, qui embrasse Mars, duquel le tournoyement ne dure que deus ans. Au quatrieme lieu est logee la
sphere qui se tourne en un an, ou, comme dens un Epicicle, la
Terre & toute la region Elementaire, auec le globe de la
Lune, est contenue. Plus approchant du centre, est Venus de
neuf en neuf mois recommençant son cours : dedens lequel en
quatre vingts jours Mercure accomplit entierement le sien,
ayans tous ces cercles le Soleil pour leur centre. Aussi semble
entendre Martian Capella en son Astronomie (entrerompit
le Curieus) que ces deus dernieres Planettes ont dens le Soleil
leur centre, alentour duquel elles tournent, & non alentour
de la Terre. Copernic ne l'a oublié (reprins je) bien que ce soit
sans seruir à ces Hypotheses : car selon Martian, par eschange

Que la Ter-
re se meut, &
n'est au cêtre
du Monde.

n 2　　Venus

Venus, & Mercure, sont ores l'un ores l'autre plus voisins du Soleil: mais Copernic fait continuellement Mercure plus voisin. A la verité (dit le Curieus) ses demonstracions sont ingenieuses, & ses obseruacions exactes, & dignes d'estre suiuies. Toutefois vraye ou non que soit sa disposicion, la connoissance

Qualitez de la Terre.

de l'estre de la Terre telle que nous la pouuons auoir, n'en est aucunement troublee : & ne nous empesche de croire que ce soit un Element pesant, froit, & sec: lequel par reçue, vulgaire, & comme religieuse opinion, nous croyons immobile, tendant plus à la rondeur qu'à autre forme, c'estadire, estant de Nature pour estre ronde, si l'inegalité des montaignes & des valees lui semble empescher sa rondeur : car toute chose doit estre estimee telle que sa nature & son inclinacion requiert, nonobstant que quelque accion contraire & accidentale la façonne autrement. Superbe vrayment, pour non dire temerai-

Mesure de la Terre.

re, semble à plusieurs l'entreprinse de mesurer corps de telle grandeur. Mais toutefois l'infatigable curiosité de l'esprit humein, n'a creint de rechercher le vray de si haute difficulté, rendue facile à toute premiere appréhension de mediocre jugement, par les Mathematiciens, si le rapport d'une part trois cens soixantieme du Ciel est accordé entre eus à quelque mesure de la Terre, constituee centrale à la circonference celeste:

Diuerses sortes de mesures.
Schoenes.
Stades.
Mile.
Lieues Germaniques.

soit par Schoenes de soixante stades selon Herodote, ou de quarante selon Pline, ou soit par Stade Pythique de deus cens pas: ou, Olympique de cent vingt pas: ou Italique de cent vingt & cinq pas : ou soit Mile Italique de huit stades de mesme region : ou soit lieue Germanique de trentedeus stades Italiques, ou quatre mile pas, qui est le moindre: ou de quarantesix stades, qui montent cinq mile sept cens cinquante pas : ou bien

Parasanges.
Lieues Françoises.

soit cette mesure par Parasanges, de trente stades, c'estadire trois mile sept cens cinquante pas : ou par lieues Françoises, de

douze

douze stades, en mile cinq cens pas, ou de seize stades deus mile
pas. Toutes mesures diuerses, mesmes pour la diuersité des pas $\quad$ Pas diuers.
differemment estendus, de deus, de deus & demi, de trois, de
quatre, de cinq, & de six pieds, qui forment, possible, un image
de contrarieté entre Eratostene, & Hyparque; reuuë par
Strabon. Car Eratostene rapporte à une trois cens soixantieme
partie du Ciel, sept cens stades de la Terre, pour produire deus
cens cinquantedeus mile stades, qui sont quinze mile sept cens
cinquante lieues de rondeur, à prendre pour la lieue, seize
stades, & pour le degré du Ciel, enuiron quarante & trois
lieues. Hyparque ajoutant à Eratostene vingt & cinq mile
stades, en donne pour l'entiere circonference deus cens septante
& sept mile : qui sont dix & sept mile trois cens douze lieues
& demie, & au degré du Ciel, sept cens soixante & neuf stades, & quelques pas. Apres ceus ci Ptolomee accommodant
à un degré celeste cinq cens stades, l'a descrit selon l'assemblement de telle multiplicacion, de cent octante mile stades, qui
vallent onze mile deus cens cinquante lieues. Les Allemans
en accommodent quinze des leurs, mais diuersement selon les
diuerses lieues : car l'un mesure quatre cens octante : & l'autre six cens nonante stades, pour un degré : desquelz une
circonference deduit cinq mile quatre cens de leurs lieues.
L'usage d'aucuns de noz Mathematiciens rencontre vingt &
cinq pour un point celeste, montant neuf mile lieues Françoises à l'entiere rondeur du globe de la Terre, mais noz lieues
trop differentes, laissent cette mesure en un malaisé doute. Ie
souhaiterois (dis je) un autre Dionisiodore, qui apres sa mort
nous escriuit ce qu'il en auroit trouué. Ie suis bien d'auis (continua le Curieus) auec vous, que ces opinions sont accompagnees
de grande incertitude : mesmes que la Terre & l'Eau ne font $\quad$ L'Eau & la
qu'un globe, d'ou est nee l'opinion d'Orphee, & d'Homere, qui $\quad$ Terre ne font
$\qquad$ qu'un globe.

n 3   croyoient

croyoient la Terre estre une Isle enuironnee de l'Ocean. Si
elle est toute habitable, ou non : & si l'entiere rondeur de la
Mer peut estre nauiguee, il est à mon jugement difficile d'en
donner assurance. Toutefois en la partie Septentrionelle la
Mer Scithique est connue, & Noruegue, Sueue, que possible
lon nommoit anciennement les Isles Glessaries, ou Electrides.
De l'autre part durant le Regne de Seleuce, & d'Antioche,
les Macedoniens ont passé depuis la Mer Indienne jusques à
l'Hyrcane. Alexandre le grand ha fait souffrir ses victoires
en grande partie de l'Occident. Les anciens (dis je) en ont
nauigué une grande partie : comme Homere, les voyages des
Argonautes, Vergile, & le reste des Poëtes de riche marque,
descouurent clairement. De ce qu'ils ont connu (reprint le curieux) Strabon & Ptolomee ont rassemblé leurs Geografies:
diuisans la Terre habitable en trois parties nommees de noms
tant anciens, que Platon les allegue comme vieus, Asie,
Afrique, ou Libye, & Europe : à sauoir Asie la plus grande, obeïssante, si l'antiquité ne rend cette opinion fabuleuse, à
la malheureuse, sanguinaire, & pernicieuse Troye. Afrique,
moyenne, embellie de Carthage, corriuale de la superbe Rom-
me, qui fut chef un Tems de l'Europe, moindre & troisieme
partie du continent, mais secondant Paris, meintenant nourrice des vertus & des Ars. Asie separce d'Europe par la
Mer Egee, & le Propontide ou Hellespont, borde son riuage
de l'amoureuse Abide, regardant vis à vis la pitoyable Seste
aus bords d'Europe, qui plus outre, par la Mer Euxine, entre laquelle & le Propontide est le Thracien Bosphore, et par
les palus Meotides, entre lesquelz & la Mer Euxine, est le
Bosphore Cimmerien : & le fleuue Tanais, des sources duquel
se tire une droite ligne, jusques au Septentrion, est diuisee de
la mesme Asie : qui se desjoint d'Afrique, par la Mer Indienne,

dienne, par la Mer rouge, & par une ligne tiree depuis celle
Mer rouge jusques à la Mer Mediterranee : separant auec
la Mer Herculienne, sous autant de noms particuliers qu'elle
flotte contre les riuages de diuerses regions, l'Europe de l'Afrique. Mais les nouuelles Terres trouuees, donnent nouuel argument de Geografie : car celles qui sont sous l'equateur, laissees par Ptolomee au second de sa grande composicion, en doute d'habitables ou non, sont meintenant descouuertes pour
temperees & fertiles en admiracion. Ce que lon en raconte
(dis je) me fait souuenir d'une fable rapportee par Aelian, de
Sylene qui contoit à Midas, qu'outre les trois Isles Europe,
Afrique, Asie, estoit une Terre estendue, d'une immesurable grandeur, peuplee d'hommes deus fois plus hauts que nous,
& aussi viuans communement au double, & d'animaus de
masse merueilleuse. Leurs viles effacent les notres de nombre
& de beauté : entre lesquelles toutefois sont deus illustres, &
de plus grande marque, mais entierement contraires. Car
l'une, appellee Eusebe (vous sauez comme ce nom est tiré de
pieté & de religion) est remplie d'un peuple gracieus, conser-
uateur de paix inuiolable, abondant aussi en toute richesse, &
tellement fauorisé de Nature, que la terre sans aucun labou-
rage, leur est prodigue de tous fruits sauoureus, & desirables :
par la nourriture desquelz, auec la douce & commode temperie de l'air, ils continuent leur vie un long nombre d'annees,
jusques à ce qu'ils meurent sans douleur, allegres & rians : au
reste accoutumez en tant saintes meurs, tant justes, & tant
bons, que les Dieus sont estimez les visiter souuent, & les hon-
norer de leur familiarité. L'autre vile contraire (c'est Machi-
mon) nourrit un peuple si grand, qu'ils se peuuent nombrer
deus milions d'hommes de fait, mais selon le nom, querelleus
& incompatible, naissant auec les armes, capital & tant ju-
ré

ré ennemi de la paix, qu'il fait aus voisins guerre continuelle:
d'ou si quelqu'un d'eus reschappe, il est en vert aage consumé
par maladie. Ce qui toutefois auient bien peu souuent: car
presque tous meurent en combatant, plus pour impacience de
paix, vù leurs inestimables richesses, que pour accroissement
de grandeur. Ils firent un tems entreprinse d'entrer en notre
continent, & voguerent jusques aus Hyperborees, ayans aprins
que c'estoit la plus heureuse Terre de noz regions: mais les
ayans connüs, ils se retirerent comme desdaigneus de leur vile
& basse façon de viure. Lon ajoute pour miracle, d'un creus
qui est en un bout de leur Terre, nommé Anoste, ny tene-
breus ny lumineus, mais d'un air troublé & rougeatre: au-

Fleuue de
Tristesse. pres duquel coulent deus fleuues: l'un surnommé de Tristesse,
aus riues duquel croissent des arbres de hauteur mesurables à
un plus grand Sapin: portans fruis de telle efficace, que qui
en goute, entre en si mesirable tristesse, qu'à force de larmes il

Fleuue de Vo
lupté. noye & esteint sa vie. L'autre fleuue est fleuue de Volupté,
bordé d'arbres fruitiers, mais de bien contraire effect à ces
melancoliques: car qui en mange des pommes, oublie tout autre desir: & retourne sur son aage passé, se despouillant premierement de vieillesse, pour reprendre la virile vigueur:
puis d'un ordre rebours à la suite naturelle de la vie, entre en
la premiere jeunesse, pour en fin retourner en enfance mourir
doucement, & sans frayeur d'aucune apprehension. Telle est
(ajouta le Curieus) la Terre escrite au Phedon Platonique,
descrite sous un air temperé en telle perfeccion de temperie,
que les hommes y viuent une treslongue vie, en toute perfeccion souhaitable: car leurs corps composez de peu de matiere
Elementaire, & beaucoup d'etheree, nourris de fruis de semblable qualité, comme s'ils estoient recuis auec Aeson, jouis-
sent d'une perpetuelle & florissante jeunesse. Platon (dit Hie-
romnim

romnime) à mon auis seroit fait Chrestien facilement, si lon
prend garde combien naïuement il touche les plus secrets &
beaus points de notre religion. I'oserois affermer qu'il entendoit
par cette Terre, le jardin de plaisir, que nous nommons Terrestre, & duquel Adam fut chassé par sa desobeissance : car
c'estoit, dit Damascene, une plus qu'humeine demeure, & digne vrayment de la creature representant l'image du createur souuerein. Il me souuient (dis je) d'auoir noté que ce lieu
estoit sous l'Equinoccial, qui separe & le Ciel & la Terre en
deus : & que le glaiue de feu esbranlé continuellement à la
garde du fruit de vie, signifie la Zone Torride, appelee muable à cause de l'ordinaire conuersion du Soleil. Il ha semblé à
plusieurs (repliqua Hieromnime) que ce Paradis, fait auant
le Ciel & la Terre, à l'interpretacion de saint Hierome, fut
situé en Orient. Mais quelque part que ce fust, le lieu estoit accommodé d'une temperie esmerueillable, dens lequel l'homme
sans la desobeissance, eut toujours resentu la Terre benigne
& seconde, à la satisfaccion de son appetit : qui depuis comme
ministre de la justice diuine, accomplissant les menasses de
Dieu, se fait rebourse & difficile à noz desirs : & de mere
gracieuse, ou soucieuse nourrice qu'elle estoit, se fait rude, des-
daigneuse, & espargnante maratre. Elle toutefois (reprint le
Curieus) merite encore auec assez de raison le nom de mere,
nous fauorisant plus qu'aucun autre Element. Car le feu brule, & deseiche en trop d'extremité : l'Air souuent espessi en
obscures nuees, comme despité, darde & descoche sur nous la
fureur des vents & des tempestes. L'Eau s'eslieue & euapore
en brouillars, s'endurcit en gresle, se desguise en neige, s'escoule en pluie, s'enfle en flots & ondes, se precipite en torrens, &
le tout comme tachant de nous incommoder. Mais la Terre
benigne, fauorable, & pitoyable mere, nous reçoit naissans:

o nous

nous nourrit, naiz : nous soutient nourris : & d'un seruice officieus engendre & produit infinis fruits,& reconnoit notre moindre diligence,d'une abondante & bien payee usure. De quelle liberalité nous respand elle les diuerses senteurs, saueurs, liqueurs, & autres telles siennes gracieuses fertilitez, toutes offertes non simplement au necessaire usage,mais encores à la conseruacion,& delectacion de notre vie? Vrayment si auec Pline je ne l'ose remercier des venins quelle produit, compassionnee du long ennuyeus & miserable viure de ceus qui trauaillez insupportablement,sans s'estouffer l'esprit resser-ré dens le cueur,par l'horrible estreinte d'un licol : ou desna-turément le noyer en la froide profondeur des puits ou des ri-uieres : ou sans effroyable precipice, se dessirer brutalement le corps en mile pieces : ou d'une desesperee force,auec leurs pro-pres mains,s'ouurir d'une espee cruellement le cueur : peuuent facilement,en buuant,aualler presque insensiblement, voire delectablement la mort non doloureuse : je puis toutefois con-fesser grande obligacion de son dernier bien fait , quand de-laissez de toute autre Element, & priuez de la vie, elle nous reçoit en son giron:& couurant le corps,autrement en danger d'estre enseueli aus ventres des chiens,des loups,ou des oiseaus, porte apres nous les monumens & enseignes ; qui peuuent d'eternelle duree nous consacrer à l'immortalité. Aussi lui

Couleur vraye de la Terre.

est ordonné, en symbole de sa purité, pour vraye couleur le blanc, tant facile à receuoir autre teinture,qu'à tout moindre emmeslement elle est changee, & embellie d'une infinité mi-raculeuse d'agreables & plaisantes peintures:euure vrayment qui témoigne assez de l'admirable industrie de Nature riche en ses diuersitez. Car le blanc mouillé, se fait noir, par un de-

Cause de di-uerses cou-leurs.

seichement:qui est cause que toute la Terre approche plus du noir que d'aucune autre couleur : combien que le vert, & le

jaune,

jaune, naissent de cette mesme raison, selon que moins ou
plus l'humidité est deseichee : qui en fin toute cuite & consumee, les laisse transformez en noirceur. I'ay prins garde en tous lieux ombragez, par lesquelz peu à peu s'escoulent quelques Eaus, que la verdeur, le rouge, & quelquefois
le bleu obscur y sont teintures ordinaires, par certein ordre
de concoccion, en fin tournees en noirceur : comme les vaisseaus
Alchimistiques, sans autre plus secret miracle que du Feu,
& de l'humidité, sont preuue manifeste. Ainsi il semble que
la blancheur, couleur pure & simple, soit vraye & propre
couleur de la Terre estant en son Elementaire purité : &
que par l'humidité entremeslee, & par la chaleur naturelle,
faisant son ordinaire accion à la cuite & deseichement, elle
reçoiue tant de diuersitez : s'il ne plait d'ajouter, que les humeurs qui se voyent couler de couleurs differentes, coulorent
de leur teint la Terre quelles abreuuent : ou que telle elle naist
par les canaus, conduits, cauernes, fibres, commissures, & vei-
nes des roches & montaignes. Quant à la saueur, elle l'a diffe- **Saueur de la Terre.**
rente, selon que le froit & le chaut se rencontrent auec l'hu-
midité, & selon la qualité de l'humidité qui se mesle auec
elle : car certeinement la generacion se fait pour la plus part,
& en choses infinies, à la rencontre & meslange de l'Eau, &
de la Terre, d'ou se forme quelquefois une Boue, & quelque- **Boue, & Suc.**
fois un Suc. I'enten qu'alors que la Terre est destrempee d'Eau,
& que toutefois il y ha moins d'eau que de terre, la Boue se
fait : & quand l'eau ha receu quelque terre en soy, ou bien
rongé quelque pierre ou metal, que neanmoins il y ayt plus
d'eau que terre, ou autre matiere terreuse, se fait ce qu'on appelle Suc : deus matieres, desquelles s'engendrent les Pierres, par **Les Pierres.**
l'œuure ou du froit ou du chaut : car ces deus qualitez ont puissance d'endurcir : à sauoir la chaleur, qui attirant l'humidité

a 2

d'une

d'une matiere, la laiſſe dure : & la froideur qui la reſſerre &
& reſtreint, comme treſſenſiblement nous voyons aus grans
hyuers gelez. Dont il ſemble que les pierres qui fondent au
feu, ayent eſté endurcies par la froideur, & celles qui ſe peuuent diſſoudre en l'eau, l'ayent eſté par la chaleur. De ceci
naiſt la conſideracion pertinente, & la raiſon croyable : que
les pierres autant groſſieres, & viles, que polies & precieuſes,
tirent leur lourde eſpeſſeur, ou claire, treſluiſante & gracieuſe
varieté de couleurs, ſelon la qualité de la Terre & de l'Eau
meſlees enſemble, que je croy eſtre leur propre & procheine

Metaus. matiere : ainſi que des metaus, qui ne ſont autre choſe que ſuc
endurci au froit, & fait de terre meſlee auecques l'eau, en telle
quantité que la tranſparence de l'eau en ſoit obſcurcie, non
toutefois ſa ſplendeur effacee : d'autant plus beaus de couleur,
purs, durables au feu, precieus & eſtimables entre nous, que
la mixtion eſt pure. Les Alchimiſtes voilent en enigmes, je
ne ſay quelles opinions, feingnans à leur mode un ſoulfre pere, & un vif argent mere, conjoints en la generacion des metaus, parfaits ou imparfaits ſelon la quantité & qualité de ces
deus imaginaires parens aſſemblez. Au reſte il n'eſt eſtrange,
que la Terre perpetuellement accompagnee d'Air, & d'Eau,
meſmes qui nourrit dens ſes entrailles celle viue chaleur eſtendue uniuerſellement, en telle efficace, qu'elle ha eſté tenue pour
ce qu'on appelle le Feu Elementaire, engendre ſeule plus que
tous les autres Elemens : mais ſi me ſemblent aucuns de ſes

Merueilleus effetz dignes d'admirable contemplacion. Conſiderez je vous
effetz de la prie les Herbes & Plantes, & comme infinies en ſont les
Terre. eſpeces, & diuerſes les generacions : car les unes viennent d'elles
Herbes & meſmes, les autres de graines, les autres de racines, les autres
Plantes. de regettons, les autres, comme les arbres, ſont entees en plu-
ſieurs ſortes, ou naiſſent, au témoignage de Theophraſte, du
                                                              bois

bois decoupé & haché en petites pieces semees. Voyez la riche
diuersité des Animaus, volatiles, terrestres, aquatiques (car Animaus.
ce nom ne leur efface la qualité terrestre) & amphiuies, viuans en deus Elemens, & le miracle des Zoophites, que nous
pouuons nommer Plantanimees. Combiē seroit long le discours
de la diuision des terrestres : ou cruels, sanguinaires & armez : ou foibles, traitables, & non malfaisans, ou solitaires, ou
compagnables ? & des aquatiques, ou de Mer, ou d'Eau douce, les differences desquelz sont presques innombrables, pour les
lieus, la forme, & la maniere de viure ? N'est'ce pas une merueilleuse chose entre les miracles terrestres, que voir un lieu
plain & bas, soudeinement esleué en montaigne, soit que le Naissāce des
montaignes.
vent libre se smeut en telle violence, qu'il amasse du sable en
grosseur de montaigne, endurcie & faite solide, si le tems le
permet par les pluies jointes à quelque terrestre matiere, qui
se massonnent ensemble sous la chaleur du Soleil deseichant:
ou bien s'endurcit & rend ferme par la pesanteur de son propre faix, qui presse ces petites pieces rassemblees ? Ceci est auenu de nôtre siecle au Royaume de Naples, ou encores y dure
une montaigne de sablon nouuellement esleuee. Pour autre
raison se peut dresser ce monstre : quād le vent emprisonné au
ventre de la Terre, d'ou il ne peut rencontrer issue, en s'effor-
çant de la faire, enfle & estend la masse qui l'empesche, de telle
force, qu'il l'eslieue en montaigne, croissant petit à petit selon
que les matieres d'arbres morts, d'herbes deseichees, ou autres
telles choses, lui apportent accroissement. Vray est que lon peut
reconnoitre une autre cause : qui est, les tremblans mouuemens de Terre, ou rauages d'eaus, qui eslochans les fondemens
d'une place, & faisans un goufre de ruineus abisme, laissent
aupres du lieu enfoncé & abaissé, une apparence de montaigne : car ce qui au parauant estoit bas, rapporté en compa-

O 3   raison

raison d'un prochein plus bas que lui, semble estre esleué &
montaigneus. Ainsi il auient que la Terre autrement pleine,
s'enfle en montaigne par tremblement qui est un autre esmerueillable effet, lequel les Astrologues attribuent en la conjonccion de Saturne, & du Soleil en certeins Signes, & Thales à l'Eau, comme si la Terre branloit sur l'Eau en mode
d'un bateau : Anaxagore, à l'Air encloz en certeines cauernes de la Terre spongieuse : quelques autres au Feu, qui
resserré là bas, s'employe pour sortir en toute importunité : &
Epicure accusoit tous les Elemens de cette esmocion. Vous
auez, say je bien, noté l'auis d'Aristote, & le combat que le
bon Seneque en ha dressé, qui est assez difficile d'appointer.
Toutefois il semble que la cause doiue estre regettee aus vents
interieurs & enclos sous la Terre : j'enten qu'alors que par
l'accion de la chaleur souterreine, les vapeurs engendrees sont
restreintes en lieu estroit par la froideur suruenante, ces deus
puissances s'entrecombattent, & le vent táchant de se faire place, hurte la Terre à tout effort, si violentement qu'elle esbran-
lee souffre ce mouuement qui ha plusieurs fois formé des montaignes, ruiné & abismé des viles, voire des regions entieres:
comme il fut vû l'an 1456, au Royaume de Naples, assez
miserable pour la frequence de cette calamité : & ce souuent
auec grand bruit, selon que les cauernes d'ou le vent sort, sont
ou spacieuses ou tortues : & quelquefois sans bruit, selon que
la Terre molle & obeïssante, fait place à la venteuse impetuosité : ouurant toutefois des creuasses puantes, vomissant
des pierres, & faisant un grand nombre de telles merueilles
procedantes d'une discorde des qualitez Elementaires. Car
telle est la discorde entre les Elemens, Air, Mer, & Terre
qu'il ne faut s'estonner, s'il auient entre eus des commoditez
& incommoditez reciproques, apportant particulierement aus
choses

choſes la mort & la vie, c'eſtadire la generacion & la corrupcion ſuccedantes l'une à l'autre, deliurant par ce moyen le
Monde de tout finiſſement, & témoignant aſſez que jamais
il n'eut commencement. Et ſi quelquun ſ'eſmerueille comme
la mortalité de ce Monde n'eſt ja diſſoute, vû que ſa Nature eſt compoſee de diuers & contraires Elemens, ſecs, humides, chauts, froits, remette en memoire cette comparaiſon,
qu'en la vile ſe voit bien une multitude accordee, bien qu'elle
ſoit aſſemblee de corps diuers, contraires, & inegaus : les ri-
ches & opulens, ſont parmi les poures & neceſſiteus : les jeunes auec les vieus : les foibles, en compagnie des forts : les vertueus entre les meſchans, tant admirable eſt la temperance de
la raiſon Ciuile, faite une de pluſieurs : unies toutefois & faites ſemblables en ſon Tout : bien que les membres & parties
de ſa compoſicion ſoient contraires & diuerſes, tellement qu'elle joint les naturels, tendans à diuers but, & les fortunes ache-
minees & aſpirantes à diuerſe fin. Ne voit on le Naturel des
contraires ſe fleſchir l'un à l'autre de ſoymeſmes? De deus ſons
diuerſement ſonnans, ne reſonne pas la douce conſonance, &
l'accord harmonieus? Le maſle & la femelle ne ſe conjoingnét
ils, pour en differens & diſſemblables ſexes, engendrer un
animal? Les Ars, imitans Nature, apparient ſi proprement
les diſſemblables, qu'ils ne ſemblent eſtre qu'un : la peinture
attrempe ſi diſcrettement une proporcionnee confuſion de couleurs, blanche, rouge, jaune, verte, noire, que ſes images con-
trefaits, reſſemblent les vrays corps juſques à tromper le jugement des yeus. Et en la Grammaire, n'eſt il euident, que les
lettres diuerſes, muettes ou ſonnantes, d'un ſecours reciproque
jointes enſemble, amaſſent les ſilabes : des ſilabes les mots, &
des mots l'oraiſon ou parole accomplie, tant gracieuſement deſcouurant les plus cachees & ſecrettes penſees? Auſſi Natu-

re

re ha accordé comme une Musique, & temperé les diuersitez, & dissemblables Principes & Elemens de tel balancement, que leur discorde accordee, fait cette belle & parfaite
masse de Monde, confondant, assemblant, & meslant le sec
à l'humide, l'ardant au gelé, le viste au tardif, le droit au
courbe : brief, toutes les choses diuerses en un Tout, qui n'est
qu'un, faisant que les Elemens diuers par un certein consentement, engendrent entre eus concorde perseuerante, & amitié indissoluble, moyennant l'egalité obseruee au messart des
especes si justement contrepesé, que la force de l'un ne peut
veincre ou surmonter l'autre : tellement que la diuersité du
leger au pesant, du froit au chaut, du mol au sec, & des
unes aus autres qualitez, est par une bien mesuree disposicion, ajoutee (comme on diroit) en union inseparable. Le Soleil, la Lune, & les autres lumieres celestes cheminantes de
tant beau desordre par certeines voyes obseruees, & espace
estendu en certeine mesure, nous diuisent & disposent le tems,
nous engendrent les heures, desquelles assemblees ils nous forment les jours, des jours les mois, des mois l'an, des ans les
siecles, & des siecles estendent l'aage de leur tournoyement
infini, par lequel ils font exhaler les vapeurs, les font esleuer,
resoudre, & rechoir : nous eschaufent, nous hyuernent, d'un
ordinaire non sentif retour, & reuolucion non jamais empeschee. De là, les plantes & mineraus reçoiuent leur accroissement : les animaus brutes, leurs accroissement & sentiment : l'humeine espece, plus fauorisee, l'accroissement, le sentiment, la raison, & les offices de contemplacion, moyennant
lesquelz elle connoit & admire les esuenemens merueilleus du
cours celeste, & des estranges remuemens de l'Air, ores
trouble, ores serein, ores brulant, ores gelé, ores donnant apparence que le Ciel entrouuert veuille pleuuoir sur la Terre

les

les plus ardens feus dont il soit esclarci : & nous menassant
d'uniuersel embrasement, soudein nous faisant changer d'opinion, par la defluccion des Eaus ruisselantes ça bas en telle
abondance, que la Terre semble, sous si grande humidité, deuoir estre amollie & conuertie en Mer : puis toutes ces horreurs cessees, nous appaisant d'un present d'infinie diuersité,
non seulement de fleurs & d'herbes gracieuses à voir, mais
plus, de fruits salubres, nourrissans & sauoureus à manger,
de la produccion & auancement dequoy il naist une ayde
necessaire. Et toutefois ces graces coulantes sont suiuies de nou
uelles horreurs, resuiuies de faueurs par une ordinaire & perpetuelle resuite, ores de pluies, chassees & seichees par les
vents, successiuement abatus par la pluie, accompagnee quelquefois du froit, attiedi par la chaleur, au parauant esteinte
par le froit suruenu : comme il auoit semblé bon au grand
prouiseur de ce Monde : faisant au reste suplément au nombre des mourans par la succession des naissans journellement.
Donq la Terre est ordonnee, pour les Plantes, & pour les
Animaus : mais en diuerse disposicion. Car les plantes ont la
teste plongee & fichee en la Terre : les brutes animaus, l'ont
attachee pendante au col, & suspendue en l'Air. Et l'homme, doué de plus excellente constitucion, ha la face esleuee vers
le Ciel pour le pouuoir continuellement regarder & contempler, comme sa vraye source, propre lieu de son origine, auquel il doit retourner. D'auantage de tous les corps les uns sont
constituez d'un simple Estre, ἕξις, que j'enten la simple constitucion des corps sans generacion, comme les pierres. Les autres d'une Nature, φύσις, ou une temperature de plusieurs
facultez, & une puissance nourrissante & engendrante : comme aus choses qui ont racine & sens. Les autres d'une ame
raisonnable, λογικὴ ψυχὴ, ainsi que l'homme, duquel

Vsage de la
Terre ordon
nee pour les
plátes etpour
les animaus.

Diuerses con
stitucions des
corps.

p   l'Ame

Le Monde habité de diuerses especes intellectuelles.

L'Ame est l'une des especes intellectuelles qui habitent en ce Monde. Car de plusieurs qui y sont, les unes pouruues de plus diuine condicion, sont eslongnees des terrestres habitacions : & de celles ci, les plus pures demeurent esleuees au Ciel, sous nom

Anges, ou Daimons.

de Daimons, ou diuins messagers, que nous appelons Anges : executans entre Dieu & les hommes un continuel office de leur infatigable obeïssance au superieur, & inclinee bienueuillance aus humeins. Et les autres sont diuisez, toutefois moins croyablement, par les regions Elementaires, selon le plus ou le moins de leur perfeccion. Mais celles qui nous sont plus recherchables, entrent dedens les corps mortelz & humeins, pour en sortir quelque laps de tems escouru. Des beaus, & esleuez discours Platoniques se peut recueillir (dis je, voyant le curieus faire contenance de se vouloir taire) qu'aus Ames hu-

L'Ame humeine sugette à deus accidens.

meines il auient deus accidens. Car les unes plongees dens le corps, comme en un fleuue violent, sont noyees, abismees, & veincues par l'impetuosité des flots mortelz, ou elles demeurent à fond : & les autres, comme en nageant, resistent à telles ondes, & dextrement sauuees de ce peril, reuolent au lieu d'ou

Ames des ignorans, ou des sensuels.

elles estoient issues. Les noyees, sont entendues celles des grossiers & ignorãs, qui sans aucun esgard de sapience ou science, s'adonnent du tout aus choses fortuites & transitoires, & n'appartenantes à rien moins qu'à l'Ame, mais seulement à la partie corporelle & mortelle, de laquelle nous sommes composez : comme les voluptez sensuelles, les richesses, les estats & honneurs, la gloire, & autres telles choses, lesquelles les hommes circonuenus par deceuantes opinions, se depeingnent & imaginent eus mesmes, auilissans ce pendant, & dedaignans ce qui

Ames des studicus.

est vrayment honneste & beau. Les autres, qui retournent en leur lieu originel, sont de ceus qui d'une laborieuse constance ont embrassé l'estude Filozofique : ne coulans, la vie perissable

de ce

de ce corps en autre deſſein, que d'aquerir une meilleure vie
immortelle & incorporelle, auec celui qui eſt immortel &
eternel : & reconnoiſſans tresbien, qu'outre la puiſſance naturelle ſenſitiue, ils ſont pourueuz de fantaſie & mouuement de
courage. La puiſſance ſenſitiue eſt celle qui rapporte les choſes
à la fantaſie : d'ou le caractere en eſt pouſſé à la memoire, y
demeurant imprimé juſques à ce que l'oubli, ſon contraire,
l'eſface & fait eſuanouir. Et de ce caractere ou image des choſes prend ſource le mouuement de courage, qu'on peut nommer Affeccion premiere, ou, comme on dit, premier et ſoudein
mouuement. Mais en outre, l'homme eſt pourueû d'une plus
grande excellence : c'eſt de l'Entendement, auec lequel il comprend la Nature de tous corps, & de toutes choſes. Car tout
ainſi que la vuë eſt la plus excellente choſe du corps, l'Entendement auſſi eſt l'excellence de l'Ame, & proprement comparable à l'œil : pource qu'il eſt doué de certeines ſplendeurs,
auec leſquelles il chaſſe les obſcuritez, reſpandues par l'ignorance des choſes. Conſiderez je vous prie, ſi l'œil materiel, je
di façonné de matiere periſſable, ha ſi viue puiſſance, qu'il
choiziſſe, juſques au Ciel, eſlongné de tant lointeine diſtance :
quelle deuons nous eſtimer eſtre la perſpicacité de l'Entendement ? auſſi chacun de nous ſent par eſpreuue particuliere,
qu'il s'eſtend juſques à la grande ſource eternelle & immortelle de l'eternité & de l'immortalité. Qui niera que l'homme ne ſoit ſeul animal celeſte & diuin, au corps duquel ſont
les Elemens ſi proporcionnément & parfaitement aſſemblez,
qu'il en ha le nom de Microcoſme, comme reſſemblant à un
petit Monde ? En notre corps ainſi qu'en un champ fertile,
les ſenſibles parties ſeruent de receptacle de l'humidité : à chacune deſquelles il ha ordonné certeines fertilitez & rapport
proufitable : aus yeus, la vuë : aus oreilles, l'ouye : au nez, le fleu-

Puiſſance ſen
ſitiue de l'A-
me.

Mouuement
de courage.

L'Entédemét
humein.

L'homme eſt
un petit Mon
de.

Les cinq ac-
ciös ſenſibles.

P ii   rer,

rer, ou odorer, que d'un mot plus general *nous* disons particulierement sentir au palat: & à la langue le gout, & l'attouchement au reste du corps. Mais le plus excellent & fructueus
accomplissement de ce petit Monde, est, comme au grand la
puissance intellectuelle, l'entendement, accompagné de l'apprehension, l'imaginacion, la memoire, la volonté, les affeccions, le
discours des Arts, & la certitude des sciences, puis la consideracion des vertus qui ne sont sugettes à l'oubli. Et vrayment,
ample & belle peut estre la comparaison du Monde à l'homme, vù qu'ainsi qu'au grand Monde les choses diuines sont
unies aus terrestres: à sauoir les celestes & superieures par influccion, & les terrestres & inferieures, par capacité & usage de receuoir : aussi l'homme est composé de ses deus parties,
qui par communicacion de l'une à l'autre soutiennent la vie.
Les Iuifs (dit Hieromnime) filozofans sur l'excellence de
l'homme, & mesmes du premier, dient les trois lettres du
nom d'Adam signifier de grans secretz : par Aleph, la partie diuine : par Daleth, la nature celeste : par Men, le corporel & corruptible : pource que de telles pieces se voit l'homme
estre composé. A quoy quelques Grecs ont ajouté, que les quatre caracteres de ἀδαμ, signifient les quatre pars du Monde : α, c'estadire ἀναΐολὴν, la partie Orientale : δ, c'estadire
δύσις, l'Occidentale : α, pour ἄρκΐος, de Septentrion : & μ,
signifiant μεσημβρία, du Midi. Ie croy (dit le Curieus souriant) qu'ils ont aussi bien deuiné que la Sybile, deduisant
ἄδης pour Enfer du nom d'Adam, pource qu'Adam, pensoit elle, estoit le premier descendu aus Enfers. Cela se doit entendre (repliqua Hieromnime) pource que la faute d'Adam
ouurit au gendre humein la porte des Enfers. Pour rentrer
(dis je) à notre comparaison, l'homme continue sa vie à mode des Elemens, & des pierres, estant, croissant, & s'alterant,

& mu

observation des
Juifz sur le mot
d'Adam

Ressemblan-
ce de la vie
de l'homme
aus vies respan-
dues par le
Monde.

& muant continuellement : il eſt viuant comme les metaus,
d'un eſprit vital caché : & ſi l'eſprit vital de metaus eſt caché, je mèn rapporte à l'immortel, & vain trauail des Alchimiſtes. D'auantage l'homme eſt viuant auec les plantes,
d'une vie vegetatiue : auec les animaus, d'une vie ſenſitiue, &
mouuante : auec les intelligences ſeparees, de vie raiſonnable, ou
intellectuelle : & auec le grand moteur, de vie diuine & eternelle. Pource, diſoit Trimegiſte, l'homme eſtre tout en tout :
car il ha en ſon Ame certeines puiſſances, auec leſquelles com-
prenant & recherchant tout, elle ſe fait tout, ou ſemblable à
tout : & approche de celle grande eternelle puiſſance, que
nous appelons Dieu, pour la capacité de ſon infinie apprehenſion. Ajouteráy je point, que la partie de l'homme appelee le
Sens, ſe compare à la Terre ? l'Imaginacion à l'Eau ? la Raiſon à l'Air ? l'Entendement au Feu, ou à la ſubſtance etheree : & l'intelligence au Ciel ou à ſon moteur ? Urayment
l'admirable rencontre des Elemens, & le voiſinage ſecourable
d'un à l'autre, ſoutient en partie à mon auis cette maſſe mondeine Elementaire : & auſſi les quatre humeurs complexion-
naires comparees aus Elemens, ſont jugees eſtre en l'homme
de telle proporcion, que la Melancolie eſt une partie : la Colere, deus : la Pituïté, quatre : & le Sang, huit : tellement que de
cette temperature vient la ſanté : & de la diſtemperie les
maladies diuerſes, ſelon que diuerſement ſe diſproporcionnent
les humeurs. Mais pour dire proprement quelles parties de
l'homme ſont plus pertinèmment comparables aus Elemẽs, ce
ſont les ſens exterieurs. (car l'œil, cõme il eſt lumineus, ne faiſant
ſon office ſans lumiere, eſt rapportable au Feu : l'oreille, à l'Air :
qui frappé, & bruiant ſe rend à l'ouye. L'odeur, & le gout,
à l'Eau : car en l'humide reſide la ſaueur, & le fleurer : à
ſauoir le gout, par la qualité des humeurs fluantes & plus

P 3   corpor

corporelles, ou materielles. Car combien que vous mettiez en
la bouche une chose seiche, l'humeur de la bouche toutefois
l'humecte, & de là vient le gout, comme l'odorer ou fleurer
vient des exhalacions humides, telles que sont celles d'ou s'engendrent les nuees. L'attouchement est comparé à la Terre.
Ce neanmoins, toutes ces parties sensitiues ne seroient officieu-
ses, sans une certeine faculté ignee : & ce diuersement. En la
vuë, la chaleur pousse les raiz & les accompagne jusques à la
lumiere, pour lui donner vigueur d'attirer ou receuoir l'image de l'obiet presenté. Pour ayder à l'ouye, la chaleur penetre
jusques en l'air plus liquide. Pour le sens du nez, elle passe
par l'air pur, jusques aus exhalacions humides, desquelles l'air
est espessi. Et pour le gout, elle penetre jusques à l'humeur plus
materielle. Les os en l'homme, sont ce que les pierres au grand
Monde : d'ou prend source la fable de Deucalion, & Pyrra,
jettant les pierres derrier le doz : aussi les oz ont vie au corps
humein comme les pierres en la Terre. qui esmùt quelques
anciens de penser les pierres auoir des Ames & vertus secrettes contre les venins & les illusions, & qu'elles estoient
puissantes de donner la force, la grace, & autres telz effets:
outre lesquelz est apparente la puissance cachee de l'Aymãt,
& de l'Ambre, attirans cetui le festu, & celui le fer. D'ou il
semble que les oz & les pierres, viuent puis qu'ils croissent. Sur
quoy tout inconuenient peut estre resolu, puis que les Filozofes
ont descrit diuerses sortes de vie, selon les essences, & especes
des choses viuantes, comme Anges, Hommes, Animaus, Plantes, Pierres, & Metaus, ausquelz sont comparables les humeurs au corps humein. Car ainsi qu'à la generacion des metaus, aussi à la generacion des humeurs, seruent les aspects des
Estoiles, la contrerencontre de leurs raiz, la force & influence de quelque particuliere Planette, la vertu engendrante:

puis

La chaleur ministre des sens.

Ressemblance des parties corporelle de l'hôme à certeines parties du Monde.

puis la chaleur naturelle, qui les cuit, les purifie, & reduit en
propre & peculiere forme, en laquelle chacune ha vie, comme les Metaus en la leur. Les demiz mineraus, marchesites,
& autres de tel ordre, entrent en comparaison auec les vaif-
feaus intestins de l'homme, qui ne font ny chair ny oz. Encores pourrois je estendre, que les Eaus interieures de la Terre, les cauernes spiriteufes & venteufes, les matieres & liqueurs d'ou les pierres s'endurciffent, les viscositez bitumineu-
fes, font en l'homme les veines, qui reçoiuent le fang, les ar-
teres qui reçoiuent l'esprit, le cerueau, la mouelle, la faliue,&
diuerfes humeurs vifqueufes,graffes & corrompues,defquelles
il est plein. La chair est comparable aus plantes en fa vertu
vegetatiue, prenant nourriture & accroiffement : car tout
ainfi qu'une plante coupee recroit, fe rejoint, ou reprend, auffi
fait la chair. Est'ce pas chofe estrange, que l'homme est capable de toutes les meurs,affeccions,voix, & autres accions de
tous les animaus. Quel defgoifement d'oifeau, tant fredonné-
ment diminué foit il, n'auons nous vù contrefaire ? Quel bruit
horrible d'hurlement ne peut l'homme exprimer ? Quelle
voix d'autre animal peut estre hauffee ou baiffee plus extremement,ou plus à commandement ? Quel poiffon n'eut reçù
pour compagnon au nager un Glauce, ou un nageur Delien?
Quel Cinge ne fe voit estre veincu en foubrefauts & voltige-
mens, par l'homme bien diffoft ? Qui n'a vù l'humein artifice auoir contrefait le voller des oifeaus, efmerueillez de rencontrer une nouuelle effeffe, fendre l'air ainfi qu'eus ? Auffi
est il arrefté au Peripate, que l'effece humeine contient en
foy par puiffance ou capacité les diuerfes natures des Animaus : ce qui ha mù Aristote de juger en fa Fifionomie, les
meurs des hommes, à la reffemblance & figure qu'ils en re-
prefentent felon les membres,couleurs,ou accions. Opinion peu
                                                    eflongn

eſlongnee de la Pythagorienne, ſuiuie d'Empedocle, Plotin,
Numenie, & autres ſectiſtes, qui affermoient que l'Ame humeine deſpouillee de ſa robe corporelle, ſe reueſtoit de la figure
d'un Animal, duquel elle auoit imité les meurs au cours de
ſon humeine vie : au laps de laquelle par diuerſes accions
l'homme ſe conforme aus diuers genres d'animaus. Car en enfance & premiere jeuneſſe, que ſa raiſon n'eſt encores exercee.
au diſcourir, par l'Ame vegetatiue il ſe treine & gliſſe ſur la
terre auec les reptiles. En l'aage viril, par les penſees &
imaginacions, il eſt un peu plus eſleué & ferme, cheminant
auec les animaus terreſtres. Mais en vieilleſſe, que les imaginacions, les penſees, & l'experience des choſes lui ont poli la
raiſon, par l'Ame contemplatiue & ſpeculatiue il s'eſlieue de
terre & volle auec les oiſeaus. Ceci ſeroit peu, ſi la reſſemblan-
ce ne trouuoit lieu au Ciel : ou le Mouton terreſtre reconnoit
ſon Aſtre le Mouton celeſte : le Taureau, le Taureau : & le
Scorpion, le Scorpion. Donq l'homme ainſi qu'un autre Monde, reçoit communicacion de tous les Cieus, & participe des
puiſſances de toutes les intelligences. Tellement que ſelon les
Academiques l'Ame deſcendant ça bas, prend de Saturne
la raciocinacion, l'intelligence, & la ſpeculacion : de Iupiter,
l'accion : de Mars, l'ire & l'ardeur de courage : de Venus,
la concupiſſence & mouuement du deſir : de Mercure l'apprehenſion & la perſpicacité d'interpreter & deſcouurir ſes
concepcions diſertement : du Soleil, l'opinion & l'imaginacion du ſauoir : de la Lune, la vertu engendrante, l'accroiſſement, ou augmentacion materielle du corps, qui eſt, comme
j'ay dit, de qualité des Elemens, & rapporté auec eus en mile
ſingulieres & ſutiles comparaiſons. Le Zodiaq ha lieu ici : car
entre lui, & l'homme, il y ha un merueilleus conſentement,
par ſympathie du Mouton celeſte, à la teſte : du Taureau, au

col:

En quoy l'hō-
me ſe rappor-
te en cōparai-
ſon du Ciel.

Les ſept Pla-
nettes rappor-
tees à l'hom-
me.

Le Zodiaq
rapporté à
l'homme.

col : des Iumeaus, aus bras & aus espaules : du Cancre, à la
poitrine : du Lyon, aus flancs : de la Vierge, au ventre : des
Balances, aus fesses : du Scorpion, aus haynes & parties cachees : du Sagitaire, aus cuisses : du Capricorne, aus genous :
du Verseau, aus jambes : & des Poissons, aus pieds : obseruan-
ce tellement reconnue par l'experience des Chirurgiens Medecins, qu'ils n'appliquent jamais le fer aus parties, desquelles
le Signe est occupé par la Lune. Ioint qu'il semble que les animaus des figures ainsi accommodees aus parties du corps humein, ayent plus de force de celle partie : comme le Mouton
de la teste, & le Taureau du col. Quant aus humeurs, Saturne conuient à la melancolie, d'ou le melancolique est dit
Saturnien, pource qu'il se delecte aus euures saturniennes, com
me profondes imaginacions, solitudes, contemplacions, & les
semblables. Iupiter conuient au sang, à l'esprit humide, &
chaut, & par suite de raison, à la vie, de laquelle le sang est
siege plus expres : au reste le Iouial est traitable & benin.
Mars conuient à la colere, comme tout ignee, chaleureus &
bouillant : d'ou le Martial fait assez preuue de toutes ses vio-
lentes & ardentes operacions. Le Soleil conuient à la comple-
xion meslee du sang de Iupiter, & de la colere de Mars, &
tempere son Solaire pour le pousser aus euures & entreprin-
ses illustres. Venus s'accommode à l'humidité chaleureuse
& à la colere, conduisant le venerien à la volupté de son nom,
si le voisinage du Soleil, selon l'usitee disposicion Astronomique, ne corrige & desseiche cette chaude & humide inclinacion. Mercure est approprié à l'Esprit aigu & sutil, promt
à tout : mais à cause de son inconstance, difficile d'estre connu
à l'œil. Au reste nul ignore combien la Lune peut sur l'humi
de, phlegmatique, & pituiteus. La curiosité de rechercher en
ce petit Monde, une ressemblance uniuerselle, auoit connue

q   la

la diuifion des Signes du Zodiaq diuifez en quatre ternaires,
pour à chacun des quatre Elemens, en approprier trois : l'un
ainfi que commencement, l'autre ainfi qu'eftat ou confiftence :
& le tiers, comme fin de l'Element. Car au Mouton eft le
commencement du Feu, au Lyon fon eftat, & au Sagitaire fa
fin. Au Taureau eft le commencement de la Terre, à la
Vierge fon eftat, & au Capricorne fa fin. Aus Iumeaus eft le
commencement de l'Air, aus Balances fa confiftence, & à
Aquarius fa fin. Au Cancre eft le commencement de l'Eau,
au Scorpion fa confiftence, & fa fin aus Poiffons. Ainfi donq
l'humein entendement comprend le commencement, l'eftre,
& la fin de toutes chofes Elementaires, qui font, ou qui feront :
& eft logé dens la tefte comparable au Ciel Eftoilé, tant pour
fa rondeur, que pour fes lumieres & organes. Vrayment
m'entretenāt quelquefois de la reffemblance de ces deus Mondes, il me vint en penfee, que la volonté en l'homme, peut
eftre comparee au premier Ciel mouuant tous les autres. Le
Ciel Eftoilé reprefente au premier Mobile, s'il y en ha un fur
lui, les degrez des chofes creables ou engendrables par lui, &
par les Planettes : & ce premier Mobile execute le miniftere,
& par fon mouuement en adminiftre l'office : d'auantage les
Spheres inferieures obeiffent au premier Mobile, & le fui-
uent : comme la volonté meut toutes les affeccions. La clarté
montre bien le chemin à l'œil, toutefois ne le meine pas : l'entendement auffi montre les voyes à la volonté, & la volonté
adminiftrant fes operacions, les choizit, & y ordonne : car
quoy que faffent les membres, ils cedent & obeïffent au mouuement volontaire. Ie remets en memoire, comme un fil tire
l'autre, que les fept Planettes font accommodees à l'homme :
à fauoir trois pour la conduite des accions, & quatre pour la
conferuacion du corps. Des trois qui embefongnent noz accions,

cions , Mercure ha charge de la fantasie,& diligente perspicacité d'executer : Venus, du desir & delectacion de l'execucion:& Mars,de l'impetueus mouuement de courage,qui au
hazard fait l'operacion fortunee. Qui executera jamais rien
sans l'auoir passé tant soit peu par la fantasie ? Qui s'y embe-
songneroit,sans quelque plaisir que lon prend à l'euure ? Et
quel succes oseroit on attendre,si de vif courage lon ne hazar-
doit sous esperance que fortune bienheurera ? Restent les quatre Planettes qui conseruent le corps, desquelles le Soleil est la
source vitale assise dens le cueur.Iupiter regarde la vertu naturelle & sanguine au foye, siege, dient aucuns,de l'Amour:
Saturne la puissance distributiue,& receuante, par la melan
colie et le fiel:La Lune est pour l'accroissement & descroisse-
ment. On ajoute que Saturne gouuerne les oreilles, principalement la droite:car le propre du Saturnien,c'est d'ouir beaucoup, & ruminer les choses ouyes,pour apres longue considera-
racion s'enrichir de prudence : On lui attribue la ratelle vaisseau,& receptacle de l'humeur terrestre & melancolique_.
Iupiter gouuerne l'autre oreille, pour donner accomplissement
à la sapience commencee par Saturne. Mars gouuerne les
reins, qui sont de chaude & seiche qualité à l'opinion de quelques uns : combien que les autres les qualifient chauts & humides : qui ne sera encores impertinent à lui,auquel lon donne quelque esgard pour sa chaleur sur l'humidité radicale.
Le Soleil gouuerne le cueur,siege,comme j'ay dit,& commencement de vie : & l'œil droit, & la moelle, qui est un second
sang blanchi par concoccion : en signe dequoy les jeunes animaus ont la moelle rouge, & de couleur sanguine, & selon
qu'ils auancent d'aage,elle se va toujours blanchissant. Venus,
gouuerne la bouche,siege du baiser,signe & gage d'Amour:
& les membres qui seruent à la generacion, principalement

q 2　　　　l'eschine,

l'eschine, ou l'espine du doz: tant pource qu'elle sert de canal
à la semence, que pource qu'en elle se fait une liaison de plusieurs oz: d'ou elle semble un necessaire lien & uniuersel soutenement du corps. Aussi l'amour, qui lie & estreint indissolu
blement les esprits au corps, est representé par cette conjonccion d'oz, dediez à Venus, à laquelle les reins, pource qu'ils
logent l'humidité radicale, qui lui est proprement en charge,
sont plus raisonnablement appropriez qu'à Mars. Mercure
gouuerne la langue, comme President d'eloquence: car ainsi
que la Planette Mercure, difficile à voir au Ciel, fait toutefois son cours d'une prompte vitesse, & ses influences de grande efficace: aussi la langue, qui est le membre plus caché, est
celui qui fait plus viuement ses operacions: il est accommodé
aus mains, pour l'habilité & promptitude des euures sutiles &
manuelles. La Lune est dediee au gouuernemēt de l'œil droit,
comme croyent aucuns, & du cerueau: & estend sa puissance
sur les humeurs, & les poulmons qui refreschissent & esuen-
tent les inflammacions du cueur. Serois je point ennuyeus
d'ajouter outre notre comparaison, comme les Anciens supersticieusement, mais non sans raison, ont dedié à certeins
Dieus, ou Astres, certeines parties du corps humein? Ils con-
fioient l'oreille à Mnemosine, ou selon Vergile, à Phebus. La
main droite, comme maitresse de la force, & celle qui est prin-
cipal témoin des sermens, est recommandee à la Foy, par Nu-
me Pompilie, au recit de Tite Liue. Les doigts sont à Miner-
ue: les genous à Misericorde: le nombril à Venus: & par les
autres à Iupiter: dont estoit l'effigie de Iupiter tant celebree
au Temple de Iupiter Ammonien. Brieuement, rien n'est
nommé, ou reclamé par le grand Monde, qui n'ayt quelque
expres aueu en notre Microcosme, l'homme, le plus beau &
accompli animal que Nature cree, nourri de la plus belle
             Ame:

Ame: tout ainsi, que rien n'est si grand, si viste, si resplendis-
sant, si bien disposé, que le Monde, soutenu aussi par l'Ame,
si ainsi se peut nommer, la plus belle hors de toute comparaison: car possible assez religieusement cette Ame se peut entendre Dieu: duquel l'opinion ancienne n'est receuable, à mon
jugement, en ce qu'elle en prise le taire entierement: mais bien
me plait le peu dire de tant incomprehensible suget, & moins
facile à exprimer. Si tombe il naturellement en l'homme,
quoy qu'on die que ce soit de la nourriture & apprehension
de jeunesse, & non de la nourriture de l'espece humeine, une
marque de connoissance de Dieu, qui ne doit son origine à
rien qui soit ou puisse estre imaginé: mais lui est auteur, salut, & perseuerance de l'estre des choses qui procedent de lui,
c'est tout: & n'y ha rien tant vigoureus de soy, qui despouruü
de l'ayde de Dieu, puisse tirer ou entretenir son essence de sa
propre nature. D'ou print source l'opinion des Poëtes, qui ont
chanté tout estre plein de Iupiter: c'estadire, Dieu estre espäché
par tout & particulieremët & generalement. ce que quelques
ridicules & maniacles sectistes de ce tems, ont osé dogmatiser,
mais plus impiemët que les Poëtes ethniques n'ont jamais entendu. Il est Createur de tout ce Monde, qui est fait pour son
remplissement: non qu'il lui faille imaginer une peine laborieuse, ou artificielle, auec laquelle il ayt façonné la matiere
en tant de formes diuerses: mais faut remettre l'accomplissement de si parfaite perfeccion à sa seule prouidence, estendue
autant au centre, qu'en la circonference, & embrassant le tout
bien que lon lui attribue un siege peculier aus regions du plus
esleué Ciel. Ce que les Poëtes anciens theologisans, ont escrit,
comme le figurant à l'image d'une souvereine Royauté, &
preeminence esleuee au plus haut feste de toute puissance, &
grandeur de mageste. Bien ha semblé soutenable, & encores

Connoissance de Dieu naturellemët en nous.

q 3   n'est

n'eſt deſauouee de tous, l'opinion de ceus qui ont penſé les corps
auoir d'autant plus riche & fauorable part de ſa grace infu-
ſe, que plus ils lui ſont procheins: meſmes les celeſtes, deſquelz
le premier & plus haut, eſt plus excellent que le ſecond ſon inferieur : le ſecond, que le troiſieme : & ainſi en deſcendant
juſques aus Elemens, & choſes corruptibles : d'autant moins
durables, que moins elles ſont voiſines de ſa ſacree celeſte demeure, d'ou il nous reſpand ſes faueurs, ou plus, ou moins
abondamment, que plus, ou moins nous en ſommes diſtans.
Voyons nous pas le corps humein plus fragile eſtre ſoutenu
d'une Ame perannelle à cauſe de ſa contemplacion, par laquelle elle s'eſlieue juſques aupres de ce grand diſtributeur, duquel elle reçoit, pour cauſe de telle approche, plus ſinguliere
grace, qu'aucun autre animal qui ſoit doué de vie ? Ainſi
apres tout nom recherché, les anciens de plus candide pieté
l'ont exprimé une puiſſance ſeante au Ciel: d'ou il ſemble pertinent de dire, qu'elle gette, enuoye, diſtribue, infond ça bas la
neceſſité requiſe à l'entretien, & conſeruacion de toutes choſes,
ſelon leurs eſpeces, ſans reſpect de particulariſer ſes faueurs. Il
diſtribue aus plantes autant pour la neceſſité de la nourriture
& conſeruacion de leur eſtre vegetant, qu'aus animaus, pour
leur ſenſitiue nature, & ha l'eſpece humeine pour l'eſleuacion
de ſon Ame raiſonnable : mais cette diſtribucion n'eſt egale:
car les Plantes n'ont neceſſité, & ne reçoiuent grace tant fauorable que les Animaus, ny les Animaus que les hommes,
entre leſquelz les plus gentils & ſereins, ſont choizis, d'autant
que plus ils ſont eſleuez, & auoiſinez de celle eternelle ſource
de toute belle & bonne perfeccion. I'ay noté (dit le Curieus)

que par les Anciens trois ſortes de Dieus ont eſté reconnues:
la premiere ha eſté fabuleuſe & menſongere, ſemee d'impu-
dences infinies, comme les Poëtes ont auec une eſtrange liber-
té char

té chanté par toutes nacions : la seconde ha esté ciuile & po-
pulaire, instituee industrieusement pour la communion &
compagnie des hommes, difficiles à ranger en obeissante obseruacion d'une citoyenne tranquilité, sans la bride de quelque
religion : autant presque diuerse, qu'il y ha eu diuerses mutacions aus Republiques de premiere marque, ou qu'il y ha eu
de diuers entrepreneurs, d'apriuoiser (outre toute autre cause) les hommes barbares & non polissez. La troisieme sorte
de Dieus est naturelle, recherchee par les Filozofes, auecques
telle diligence que vous sauez. I'enten telle diligence, que l'obscurité de si difficile question n'en ha aucunement esté esclarcie. Dequoy possible Arcesilas s'apperceuant, disoit Dieu seul,
& non les hommes, pouuoir atteindre à la verité. Et de quelle verité nous est la veritable connoissance plus requise, que
de la vraye Essence de Dieu? Chose estrange, que tant d'hommes excellens se soient lassez veinement, & sans arriuer au
point ou leurs pensees ont aspiré : que d'une chose, de laquelle
l'estre estoit inconnu, le nom ayt esté prononcé de si estroite
supersticion, qu'il semble presque toutes nacions s'estre forma-
lisees à le nommer par quatre lettres. Voz Hebreus, Hieromnime, le nomment, Iheuhe, ou Ihehoua, prononcé de quelques uns Ioua, d'ou ils tirent le mot Latin Iouis. Ouy (dit Hie
romnime) mais impertinemment : car les quatre lettres, ne
sont exprimables selon notre articulee façon de prononcer:
pour nous apprendre que Dieu n'a aucun nom, duquel nous
puissions auoir connoissance : car sa substance est son nom, &
son nom est sa substance : donq comme sa substance nous est
inconnue, si est son nom : car selon les Mosaiques, suiuis par
Platon, les noms sont substanciels, i'enten signifians la substance de la chose nommee. Ie n'opiniatrerois beaucoup en telle
consideracion (reprint le Curieus) mais voyez comme le nom
de quat

de quatre lettres se rencontre en Dieu, soit par fortune, ou par
quelque mistere plus secret. Les Egipciens le nommoient
Thout, ou Theut: les Perses Syre, les Arabes Alla: les As-
siriens Adad: les Grecs θεός: les Etrusques premiers Esar:
les Latins Deus: les Turqs Agdi: les anciens Mages, Orse:
nous l'appelons Dieu: des peuples nouuellement trouuez, &
connus par noz nauigacions, les uns le nomment Zime: les
autres Topa: que nous dirions τὸ πᾶν à le deduire du mot
propre, signifiant Tout: comme les autres langues l'ont declairé à leur façon. Mais de l'Essence de Dieu, combien ont
esté les opinions differentes? Euhemere Messenien, Protago-
re Abderite, Theodore Cyrenaique, Diagore Melien, Calli-
mache, & Euripide n'en croyoient rien, ou du moins en de-
meuroient douteus. Anaximandre faisoit naitre & mourir
de long tems en long tems ses Dieus & Mondes innombrables. Apres lequel Anaximene & Diogene Apolloniate
penserent que l'Air infini en mouuement continuel, estoit
Dieu. Alcmeon Crotoniate, enrichit le Soleil, la Lune, & les
autres Astres, du nom de Deité. Antisthene Athenien, outre plusieurs Dieus vulgaires & populaires, croyoit un Dieu
Naturel Createur de toute Nature. Cecrops est crù auoir le
premier inuoqué Dieu entre les Grecs, sous nom de Iupiter
souuerein & le premier auoir inuenté les simulacres, dressé
les autels, & offert les encens, & sacrifices de certeins pains
ou gasteaus qu'il nommoit πελάνυς. Lon ha honnoré, de cette inuencion Melisse Roy de Crete, duquel les filles Amalthee
& Melisse nourrirent Iupiter. Lycaon du tems de Cecrops
au recit de Pausanie, immola à Iupiter Lycean, un petit enfant, apres le sacrifice duquel il fut transmué en Loup. Mais
pour ne sortir de l'assemblee de noz Filozofes, Anaxagore
& Xenophane Colophonien disoient l'infinité animee, ou une

Ame

Ame infinie estre Dieu, opinion de laquelle semblent auoir
esté Parmenide & Melisse Samien. Ariston Stoïque, &
Xenophon Socratique nioyent que la forme du vray Dieu fut
visible : & disoient, que puis qu'il estoit incomprehensible, il
ne failloit s'en enquerir trop curieusement. Epicure constitue
ses Dieus Atomiques en humeine figure bien que separee
des hommes. Lucrece entre les Latins la descrit en six vers,
rendus ainsi par Guillaume des Autels :

    Car par son naturel toute Diuinité
    Doit en grand paix jouir de l'immortalité,
    Separee bien loing de toute humeine chose
    Forclose de tout deuil, de tout danger forclose
    Puissante assez de soy, n'ayant besoing de nous
    Ny se plait aus bienfaits, ny s'esmeut de courrous.

Varron (continua il) croyoit que Dieu estoit l'Ame du
Monde diuisé en deus : l'une des parties estoit le Ciel, & la
Terre l'autre : d'auantage il diuisoit le Ciel en la partie etheree que nous appelons celeste, & en l'Air : & selon ces deus
ordres disposoit des Dieux, & Ames immortelles : car les
etherees lui sembloient intelligibles, & visibles, à sauoir les
Astres & Estoiles semees jusques au cercle de la Lune, sous
lequel est l'Air, rempli d'autres Ames aëriennes, non visibles, mais seulement conceues de l'entendement,& les appeloit
Heroes & Genies. La seconde partie du Monde qu'il nommoit Terrestre, estoit diuisee en Eau, & Terre, habitees des
hommes, & infinis animaus mortels. De Platon, & Aristote, l'opinion est bien difficile à connoitre : le premier se te-
nànt couuert pour la creinte que lui donnoit l'exemplaire
punicion de son precepteur : & cetui possible pour ne sauoir
qu'en assurer, comme de chose qui outrepassoit la raison naturelle,outre laquelle il n'estendoit que bien peu ses assurances.
                        r   Ainsi

*Ainsi toute la Filozofie & Grecque & Latine est remplie,
entre diuers sectistes, de diuersitez, desquelles les peuples entiers n'ont point esté exempts. Car Ofis, & Ifis, c'estadire le Soleil, & la Lune, ont esté estimez les deus premiers Dieus entre
les Egipciens: d'ou Platon ha deduit au Cratyle, le mot θεός,
de θεῖν: car (dit il) de cette nature de courir ils semblent auoir
nommez les Dieus. Les sages Indiens & Brachmanes, disoient
la lumiere estre Dieu: non qu'ils entendissent ny Soleil ny
Lune, mais celle raison par laquelle le sage comprend les choses hautes, & misteres secretz. Les Angiles ne croyoient autres Dieus que les esprits des morts, aus sepulchres desquelz
couchez ils attēdoient belles reuelacions & responses sur leurs
affaires. Ie ne puis penser sans rire, combien ha esté entre plusieurs nacions anciennes folle la supersticion au fait de la religion: comme les Monades, qui attribuans à la diuinité le propre de viure longuement, adoroient les plus vieus arbres qu'ils
pouuoient rencontrer: les Thebains auoient en opinion de diuinité, l'aigle, pource qu'elle volant si haut, sembloit auoir quelque communicacion auec Dieu: les Scythes auoient la brebis
en religieuse reuerence, pour le respect de sa simplicité inno-
cente, & du proufit que l'homme en receuoit. Et les Sardes
de quelle plaisante deuocion esleuerent ils leurs Ames, ado-
rans les Cinges, pour la ressemblance qu'ils auoient à notre
espece? Voyez si les premiers Rommeins sont receuables, qui
ordonnoient des seruices diuins à leurs affeccions, comme Sci-
pion entrant en Afrique sacrifia à la Creinte, & à la Har-
diesse. Ie vous ennuyrois des Theologies Pheniciennes, Atlan-
tides, Africaines, Phrigiennes, Persiennes, & autres toutes
differentes, confuses, & de tel nombre, que trois jours entiers ne
suffiroient à les discourir au long. Et puis? fais je point impru-
demment (s'adressant à Hieromnime) de tenir deuant vous
la par*

la parole si long tems, du vray suget de votre profession? Ie ne
suis (respondit Hieromnime) si presomptueus, que de m'usur-
per la suffisance d'exprimer l'ineffable diuinité, de laquelle
assez me suffiroit de retenir la seule & continuelle souuenance en l'esprit: si je ne voulois que la langue portast publique
témoignage de ma foy, appuyee en l'esperance de sa sainte bonté, & de la connoissance de sa grandeur, laquelle, telle qu'il lui
ha pleu l'eslargir à ma capacité, j'embrasse & reçoy deuote-
ment. Assuré qu'il n'y ha homme viuant, duquel l'esprit ne
soit marqué naturellement de certeins caracteres, & nocions
premieres (comme parlent les Filozofes) de Dieu. Car si un
Milesien Diagore, un Euemere, un Tegeate, un Theodore indigne de si beau nom, ou quelques autres l'ont nié: ça esté par
transport & deprauacion de sens commun, & par opinion
opiniatree contre leur premier jugement. Demeurant au reste
toute la Filozofie, tant est vigoureuse la verité, d'un accord,
que Dieu est, & qu'il est un: autant de la secte des Pythago-   Vn Dieu.
riens, que des Academiques, Stoïques, & Peripatetiques: car
les Epicurees, bien qu'ils ayent confessé la diuinité, l'ont descrit
tant impiement, qu'ils sont indignes d'entrer en reng de l'autre
compagnie. Si vous auez prins garde à la Theologie du plus
vieil, que je sache, des Filozofes, Mercure Trimegiste, duquel   Mercure Trime-
Pythagore me semble auoir suiui la doctrine, vous y connoi-   giste
trez combien Dieu est vrayment grand, puissant, s'offrant si
naturellement à noz bouches & à noz pensees, que par une
naturelle & secrette inclinacion nous sommes contreints de
l'imaginer, considerer, declairer comme nous pouuons, & en
fin lui deferer l'entiere & unique puissance dessus tout l'Uniuers. Ineffable (l'inuoque il au Poemandre) indicible, & appelé en silence, c'est adire σιωπῇ φωνούμενε, comme duquel
le nom ne peut estre dit de voix humeine, ou qui descouure au

r 2   plus

plus secret silence, la mentale inuocacion. Puis faisant son
oraison, il le declaire ainsi, tel qu'il le connoit : Dieu saint, qui
accomplis ton vouloir, par ta propre puissance : Dieu saint,
qui veus estre & es connu des tiens : Tu es saint, qui de ta parole as composé tout ce qui est : Saint, à l'image duquel toute
Nature fut faite, ou duquel toute Nature fut image : Saint
que Nature n'a point formé : Saint plus puissant que toute
puissance : Saint outrepassant toute excellence : Saint excedant
toutes louenges. O vie (dit il en un autre lieu) sauue tout ce
qui est en moy : O lumiere, illumine tout ce qui est en moy,
Dieu Esprit. Puis en un autre lieu : Beni sois tu, qui nous as
daigné donner le sens pour te connoitre : la raison, pour te rechercher : l'intelligence, pour nous resjouir en te connoissant,
pour nous resjouir estans sauuez par toy, pour nous resjouir
de ce que tu t'es daigné montrer tout à nous, & combien que
nous soyons logez dedens des corps, nous as daigné consacrer à
l'eternité. Que peut on, je vous prie, choizir en Dauid mesmes,
de plus pie, reuerend, & religieux ? l'ajouteray l'opinion de
Pythagore rapportee par Cyrille & Eusebe : Dieu (disoit il)
est un, non comme quelques uns ont pensé, dehors la fabrique
mondeine : mais en icelle tout, en tout, circulairement, con-
siderant & prenant esgard à toutes les generacions : il est la
temperature de tous les siecles, la lumiere de toutes les puissances, l'effet de toutes les euures, le premier de tout : la clarté du Ciel, pere, ame, & mouuement de toute chose. Philolas,
disciple de Pythagore, & heritier de sa belle discipline, au rapport de Philon Iuif, surnommoit Dieu, Prince & conducteur
de tout : un seul, eternel, immuable, autre que toute autre
chose, & ne ressemblant qu'à soy. Vrayment s'ils ne le con-
finent trop expressement dedens les fins du Monde ; je ne say
que nous pourrions aujourd'hui plus proprement dire ; pour

                                                        expri

exprimer ce qu'il faut sentir de la Diuinité. Nous le croyons,
& souuent Moyse le nomme, celui qui est, & s'entend de
substance eternelle : nous le croyons immuable, à la difference du Monde, l'ouurage de ses mains, muable, inconstant, fragile & perissable. Mais lui, il est hors du danger de tout chan
gemēt & alteracion, & d'autant toujours à soy semblable, que
dissemblable aus autres choses : car il jouit de parfaite beatitude en eternelle possession : & toutes autres choses ont eu
commencement, & souffrent mutacion continuelle. Architas
condisciple de Philolas, appeloit Dieu, Createur de l'homme,
commencement, milieu, & fin de tout. Opinions, que j'allegue
des Filozofes-premiers, & expressement de l'escole Pythagorienne, ne me lassant jamais de reuoir, que la purité de Dieu
ha esté aucunement connue depuis autant de tems, que la memoire nous peut estre estendue. (Car de Platon & des siens nous
en auons les liures amples, & la memoire fresche, comme de
profession presque encores presente : de laquelle vous estes, l'un
& l'autre, continuels admirateurs : toutefois je puis vous faire resouuenir d'un trait, digne d'estre marqué (quelque opinion qu'on en aye) en Platon, qui viuant en un siecle souillé
d'innumerables & faus Dieus, mesmes en une Republique
idolatre & supersticieuse, poussé toutefois par un secret rauissement de la verité, outre mile assurances qu'il en ha laissees
ailleurs, confessa auisément la difference qu'il tenoit entre les
Dieus vains & faus, & le vray souuerein et eternel. (Car escriuant à Denis, si l'epistre est sienne, cōme il n'est sans apparence: Ie croy (escrit il) que tu as souuenance du signe auec lequel
se reconnoit la differēce de mes epistres legeres, ou escrites à bon
escien. Toutefois, connois le, & y pren garde : car je suis solicité
d'escrire, par plusieurs, lesquelz il ne m'est facile de refuser : à
l'epistre serieuse Dieu preside : et les Dieus, à celle qui n'est d'im

r 3   portan

portance. Voyez donq, comme ce Filozofe, pour reuerer & ne
contaminer la diuine unité, fait religion de la mesler parmi
les choses friuoles, ausquelles il accommode la friuole pluralité des Dieus : mais aus choses qu'il estimoit estre de pesante
consequence, il la confessoit estre sa guide. Les Stoiques con-
stituoient en Dieu, l'Unité & l'Eternité. Si faisoit bien Aristote, prince du Peripate : car il appelle Dieu, ζῶον αἰδιον
ἀελτον, que nous pourrions dire eternellement viuant, &
tresbon : pour ne l'appeler animal, nom difficilement receuable en telle dignité, descrite par diuers Filozofes, en diuerses
descripcions : comme la source des raisons, & la raison mesmes : le Createur de tout : la forme uniforme & touteforme :
substance immuable toutefois mouuant tout : unité stable &
ferme : unique fermeté : fermeté en mouuement : eternité en
tems : profondeur des hauteurs : hauteur des profondeurs :
lumiere des lumieres : unité en multitude : feconde nature
des natures : surnaturelle fecondité des feconditez : eternelle
vie des vies : sens des choses sensibles : perspicacité des sens : intelligence parfaite, & bonté des choses intelligibles, & verité
de tout entendement : beatitude des bienheureus en trois eternelles possessions, d'eternelle puissance, d'eternelle sapience, &
de bonté eternelle. Mais je m'oublie, continuãt plus cette descri
pcion que ne peut soutenir notre humeine concepcion : & possible me deuroit faire exemple la response de Thales à Crœ-
sus : ou de Simonide, qui interrogué par le Tiran Hieron, que
c'estoit Dieu, & quel il estoit : après le premier delay qui lui
fut donné pour respondre, en impetra un second, puis encores
un tiers : & en fin solicité de resoudre : Plus je pense (dit il)
en la question proposee, & plus j'y rencontre d'obscurité. Toutefois meintenant que la volonté de Dieu nous est connue, &
que la verité nous ha esté reuelee, & descouuerte par sa bonté,

té, il n'y ha celui de nous qui ne croye seurement, sans recherche de plus curieus témoignages, que Dieu est une Essence spirituelle, eternelle, veritable, bonne, juste, misericordieuse,
d'infinie puissance, de sapience infinie, qu'il est Pere eternel
d'un fils, son image engendré d'eternité : que le fils est coeter-
nel, image du Pere : que du Pere & du fils eternels, procede
eternellement le saint Esprit : que cette trine unité ha creé ce
Monde, & soutient le Ciel, la Terre, & toutes creatures,
mesmes l'homme à sa semblance pour estre connue, adoree,
inuoquee, & obeïe de lui. Hieromnime faisant contenance de
ne vouloir en dire d'auantage, le Curieus ajouta : Le doute de
la creacion du Monde est de difficile assurance : mesmes que
le tems prefix de son commencement est inapointablemēt opi-
niatré. Vous sauez combien differētes en sont les Chronologies
des Iuifs, des Theologiens Chrestiens, Astronomes, & Histo-
riografes : outre lesquelz Platon en son Atlantique raconte
une ville d'Athenes peuplee de citoyens plus excellens & de
plus grand merite que ceus de son tems, auoir esté neuf mile
ans au parauant. Il le croit (dis je) qui veut, comme Herodote croyoit dix mile ans d'obseruacions Egipciennes qui assu-
roient desja par deus fois, le Soleil auoir changé d'Orient &
d'Occident : & qu'à l'endroit ou alors le Soleil se couchoit, il
s'estoit leué, & au contraire ou il se leuoit, il s'estoit couché,
ayant deus fois repassé ces deus points opposez. Ce seroit (reprint le Curieus) peu de difficulté que le tems, si la creacion
estoit prouuee, & si les Filozofes auoient bien accordé de leurs
raisons contraires. Car Democrite, Epicure, & un nombre
Stoique, ont affermé, le Monde estre creé, & perissable, auoir
eu commencement & deuoir prendre fin. Aucuns de ceus cy
ont songé une pluralité de Mondes, creez par les fortuites
rencontres des Atomes, & perissans quand ils se hurtent &
entreb

entrebrisent l'un l'autre. Les Stoïques n'ont crû qu'un Monde, duquel l'auteur & cause creante, est Dieu, mais non pas la cause de sa ruïne, qui git en une secrette energie des choses mondeines, qui faisant par une longue reuolucion ses operacions, ruine un Monde, & par la prouidence du souuerein architecte, se treuue disposee à la restauracion d'un autre. Platon, de l'opinion de Hesiode, dit le Monde auoir esté creé, & neanmoins ne deuoir prendre fin. Aristote en fin, croyant le Monde eternel, diffamoit du titre d'impieté ceus qui auoient contraire opinion, comme outrageus contre Dieu : duquel ils sembloient estimer l'ouurage de mesme, ou pareille condicion, que les euures & manufactures des fragiles humeins. Ainsi il se treuue trois sortes d'opinions de l'estre du Monde : l'une, qu'il n'eut onques commencement, & n'aura jamais fin : l'autre, qu'il ha eu commencement, & ne finira point. Ce que Platon rapporte de Timee Locrois, lui semblant premierement le Ciel apres sa creacion demeurer incorruptible, pour autant que ce qui deuoit estre cause de toute generacion, deuoit estre incorruptible, pour euiter que lui perissant, tout ne perit. Et la tierce, qu'il ha eu commencement, & aura une fin. Vous auez vû combien viuement cette question ha esté debatue, & comme la controuerse n'en est apointee entre les Filozofes. Car les premiers armez d'un grand nombre d'argumens, dient entre autres raisons, que de la corrupcion de toute chose perissable les causes ne peuuent estre que de deus sortes : à sauoir estrangeres, ou propres, c'estadire, prouenantes d'autrui, ou de la chose mesmes : car il est euident que le fer, l'erein, & telles semblables choses se consument d'elles mesmes, comme la rouille engendree en elles, glisse & va croissant en mode de chancre, les minant jusques à entiere consumacion. Des causes estrangeres, l'exemple peut estre prins aus viles & maisons

qui

Trois sortes d'opinions de l'estre du Mõde.

Que le Monde est eternel.

Causes de corrupcion.

qui font confumees par la violence d'un feu furuenant : &
l'exemple des animaus peut feruir aus deus : car ou ils perif-
fent par maladie furuenante de leur propre nature , ou par
mort accidentelle & violente , de caufe eftrangere : comme
quand on les eftrangle, ou qu'on les fait mourir de quelque autre efpece de mort. Donq fi le Monde eft periffable , la caufe
qui le fera perir, doit eftre l'une de ces deus. Mais que peut il
auoir d'eftranger au Monde , eftant toutes chofes recueillies
en fon accompliffement , & qu'outre lui on ne peut rien imaginer ? Car il eft Tout, outre lequel aucune chofe n'eft : & s'il y
ha quelque chofe outre & dehors le Monde, c'eft par neceffité
rien, ou ce qu'ils ont nommé, Vacuum & Inane, qui ne peut
eftre caufe d'aucun effet. Au refte ce feroit fort impertinemment parlé, d'affurer que quelque chofe qui foit en foy, lui foit
caufe de perir : pource qu'il femblereit qu'une partie fut plus
forte que fon tout. Puis il eft confeffé que le Monde univerfel
doué d'une non furmontable puiffance , meine en foy & auec
foy toutes fes parties, & ne peut eftre mené d'aucune. Ils ajoutent que toute chofe capable de l'une de ces deus caufes, eft capable des deus : & qui n'eft capable de l'une, n'eft capable de
l'autre : comme vous diriez pour exemple, l'homme peut
mourir de maladies procedantes de fa propre nature, comme
de caufe propre, ou de coup d'efpee , qui eft caufe eftrangere
& non de foy. Mais s'il eft certein qu'il n'y ha rien d'eftranger, qui foit caufe de la ruïne du Monde, puis qu'outre lui qui
eft tout, rien eft : il femble eftre tout conclu, qu'auffi n'en peut il
auoir caufe de foy, ou en foy. Car puis que toute chofe capable
de l'une des caufes, eft par neceffité capable des deus, s'il n'eft
capable de l'une, il n'eft capable de l'autre, demeurant ainfi fon
eftre tout affranchi des deus. Au refte, il ne peut entrer en
concepcion, que le Monde periffe fans caufe. D'auantage
s   femble

semble il pas necessaire que toute chose qui est corruptible &
perissable, doit se corrompre ou perir par son contraire? il est
plus qu'euident au sens commun, que la corrupcion & la generacion sont en contraire. Mais si, comme il est vray, le mouuement circulaire propre au Ciel, n'a point de contraire, il n'est
perissable: & puis il s'ensuit, que si le mouuement ne cesse, necessairement la chose esmue ne peut perir: & si elle ne peut
perir, & prendre fin, elle n'a jamais esté creée: car la fin par
necessité presupose un commencement: donq le Ciel par ses
condicions est eternel. Aussi ce qui ne peut croitre ny descroitre, est hors de danger du changement: ainsi le mouuement
rond qui ne peut croitre ou descroitre en est hors de danger.
Si donq perir, ou cesser, est un changement, c'estadire d'estre
en non estre: n'est il euident que le mouuement rond, ny la
chose esmue rondement, peuuent cesser, ny perir? Vrayment
si par le consentement commun le Ciel est siege de Dieu, &
Dieu est eternel, je voy grand inconuenient de lui ordonner
un siege perissable, qui seroit l'assugettir à defaut, ou priuacion.
Et croy que le Ciel n'est encores empiré ou endommagé en aucune sienne part, pour deuoir par consequence du tout à ses
parties, conclure la ruïne du tout. Ajoutez, que chacun des
quatre grans principes, que nous appelons Elemens, est tout, &
entierement comprins en la composicion du grand Monde.
I'enten que le Monde contient l'entier Element du Feu, l'entier Element Air, l'entier Element Eau, & l'entier Element
Terre: tellement que de tout ceci, il n'y en ha rien outre ou
hors le Monde: à fin que ce grand & parfait Animal le
Monde fust composé de parfaites & entieres pieces, & à fin
que ne demeurant aucune reste des Principes & Elemens,
pour entrer en la composicion d'un autre Monde, cetui fust
Un, Seul, Tout, Parfait, & contenant tout: aussi à fin qu'il
fust

fuſt hors le peril d'enuieillir ou deuenir malade. (Car cette
puiſſance infinie qui lui baille eſtre, comme accompagnee de
ſapience incomprehenſible, connoiſſoit que tout ce qui eſt compoſé de quelques qualitez qui peuuent eſtre ſurmontees par
un Plus, eſt periſſable, par l'occurrence, la ſuruenue, ou l'accident du Plus. Donq il faut, ſi ce Monde contient en ſoy
Tout, & qu'aucune quantité, ny qualité, ne puiſſe eſtre outre
ny plus que lui, qu'il ne ſoit aucunement periſſable. Et puis ſi
le Monde ſe diſſout, c'eſt en ce qu'il eſt, ou en ce qu'il n'eſt pas:
il ne ſe diſſout pas en ce qu'il eſt, car ce ne ſeroit pas diſſolucion d'eſtre ce qu'il eſt. Qu'il ſe diſſoule en ce qu'il n'eſt pas, il eſt
impoſſible : car puis qu'il eſt tout, rien n'eſt outre lui : & ſi lon
dit que ce, en quoy il ſe peut diſſoudre, eſt rien, n'eſt ce pas à dire qu'il demeure entier, & ne ſe diſſout point? De forcer ceus
qui tiennent cette partie d'eternité mondeine, par une conſequence, que ce qui eſt creé, eſt periſſable, & que le Monde
ayant eſté creé, eſt donq periſſable, ils reſpondent en niant la
ſeconde partie de cet argument, que comme la diſſolucion ſuit
naturellement la creacion, auſſi la perpetuité & eternité, eſt
naturelle compagne de la choſe non creée. Mais pour montrer auec quelques euidences qu'il eſt non creé, ils dient, que ce
qui ſe fait, eſt fait ou de ce qui eſtoit desja, ou de ce qui n'eſt:
qu'il ſe faſſe de ce qui eſtoit desja, il eſt impoſſible : car ce qui
eſt desja ne peut eſtre fait meintenant, auſſi que ce qui ſe fait
n'eſtoit auant ſa façon. Encores treuuent ils, autant peu ſoute-
nable, qu'il ſoit fait de ce qui n'eſt : car il eſt neceſſaire que ce
qui eſt fait, ſoit fait de quelque matiere pour receuoir façon,
vù que de rien eſt fait rien, & non pas quelque choſe. Donq
concluent ils apres longue eſtendue de telz ſilogiſmes, rien
n'eſtre fait uniuerſellement : car les façonnemens des particulieres matieres ne doiuent entrer ſous le nom ſimple d'eſtre

ſ 2   fait:

fait : non plus que la statue de Cheual doit estre mise sous le
nom de corrupcion, si un statuaire la transforme en l'image
d'un Taureau: ny l'image du Taureau doit estre mise sous le
nom de generacion, vû que desja la matiere estoit auec une
forme essencielle, & que cette nouuelle façon n'est qu'une forme accidentelle. En outre ils offrent une proposicion certeine,
& reçue des plus naturels Filozofes, que tout ce qui est composé, par dissolucion retourne en ce dequoy il estoit composé.

Parquoy il semble, que dissoudre, soit reduire chacune chose
en sa propre Nature: & par argument contraire, la composicion soit un violent assemblement de choses amassees contre
leur propre Nature. Qu'il soit vray, l'homme est composé en
temperance, telle que nous voyons, par un emprunt de quelques parties des quatre premiers & grans Elemens: desquelz
ces parties rapportees ensemble, sont forcees contre leur naturelle situacion. Car ainsi que la chaleur est arrestee çà bas, bien
qu'elle tende selon soy en haut: aussi la partie terrestre est fru-
stree du repos, auquel elle est toujours inclinee contre le centre : & pour estre assemblees en certain equilibre balançant,
sont suspendues outre leur propre Nature. Aussi pource que

toute conjonccion faite par force est mauuaise, & que les choses jointes de telle façon, refusent l'assemblement, & tirent cha
cune opiniatrement à la part ou sa Nature la meut, ce nœud
dure bien peu, & se dissout le corps humein en peu d'aage,
tant chacune piece rapportee, s'affecte de retourner à son deu
& propre siege. Considerez, si les condicions telles de la composicion, ne se trouuans au grand Monde, il ne faut pas confesser qu'il n'est composé, ny creé, mais qu'il est eternel? Imaginons que le Monde perist, c'estadire qu'il se fist dissolucion
de ce grand Tout: quelle part se retireroient les parties assemblees, puis qu'il appert que toutes elles sont en leur lieu pro-

pre

pre & naturel? Le Ciel, le Feu, l'Air, l'Eau, la Terre,
sont ils pas chacun situez au lieu de leur inclinacion? Cela,
disoient ils, ne se peut nier, si celui est le propre & naturel siege de toute chose, ou sans violence elle repose, &
ayme demeurer. Qui refusera d'auouer que les Elemens sont
en leurs propres lieux? Poussez la Terre en l'Air, elle tombe
soudein: renuersez une torche de feu contre terre, vous verrez
la flamme se reuolter, & tirer toujours le haut selon le naturel mouuement du feu. Si donq chacune partie du Monde
est assise en sa propre region, comme se peut il dissoudre, puis
que dissolucion ne se fait que pour reduire les parties d'un
amas en leur naturel lieu, duquel elles estoient violemment
frustrees? & qu'au contraire les parties du Monde ne peuuent receuoir autre disposicion: & qu'auenant ainsi, en tel
acte auroit plustot lieu le nom de composicion: car ce seroit un
violent rassemblement de choses confondues ensemble contre
leur propre nature. Mais si l'espreuue journaliere nous témoigne, que chacune nature, par successiue generacion des
choses desquelles elle est nature, tâche de les perpetuer & eter-
niser: comme fait la nature des arbres, les arbres, par fertile
produccion de nouueaus tiges, au lieu des vieus troncs dessei-
chez: la nature des animaus, les animaus, par la naissance
des petis, au lieu des morts: pourroit il entrer en un sain jugement, que la nature de tout l'Uniuers fut moins soucieuse
& affeccionnee à l'Uniuers duquel elle est nature? Si cet argument se treuue moins contreingnant, ils ajoutent cetui comme ayant plus de nerf. Dieu ne voudroit dissoudre & ruiner
ce Monde que pour en faire un nouueau, ou pour jamais n'en
point creer d'autre: & s'il en veut faire un nouueau, ce sera
de ces trois l'un: ou un semblable, ou un meilleur, ou un pire:
mais de ces trois ne peut estre un point sans reprehension. Car

à quelle fin en feroit il un semblable? quelle inconstance seroit ce de ruïner cetui, pour ne le point ameilleurer? quelle
montre seroit ce de sapience? Ainsi (sans haine ou note d'impieté soit si basse comparaison) les enfans font des monceaus
de poußiere, & puis la respandent pour puis apres la ramas-
ser, sans preuoyance ou de pis, ou de mieus. Il vaudroit mieus
vrayment le laisser comme il est. Et s'il le refait meilleur, ne
faut il pas conclure, qu'il est donq deuenu meilleur ouurier? &
par ainsi qu'alors qu'il le faisoit, il estoit imparfait, & n'auoit
atteint la perfeccion d'artifice & d'entendement? ou que s'il
pouuoit mieus, il estoit de volonté deprauee, n'executant l'entier effet de sa puißance? opinion que lon ne peut seulement
penser sans erreur d'impieté. Resteroit qu'il en voulut faire
un pire, & par ainsi qu'il fut deuenu plus mauuais ouurier,
ou qu'il se pleut à faire quelque chose mauuaise: impertinence trop grande, en si grande perfeccion que la Diuinité. Mais
(leur peut on repliquer) poßible qu'il n'en voudra plus creer
d'autre. A quoy ils respondent cela estre encores moins pertinent à Dieu: la perfeccion duquel git en ordre & dispoſi-
cion, & non en desordre & confusion. Et puis, si c'est bonne
chose qu'il y ait un Monde, pourquoy ne voudroit il que cette
bonne chose fut toujours? ha il changé d'Amour et de Bonté?
& si c'est chose mauuaise, pourquoy le fit il? est il suget au re-
pentir, & aus paßions & maladies d'Esprit? Il semble vrayment que tout ainsi que les hommes mortels font les ouurages
mortels & perißables, außi Dieu immortel doit faire son ouurage non perißable & immortel, tant il est raisonnable, que
les euures retirent quelque chose du naturel de l'ouurier. Si
semble il (dis je) assez naturellement le Monde deuoir perir
par un Embrasement uniuersel, que lon nomme ἐκπύρωσις:
ou par un Deluge appelé κατακλυσμός. De cetui les histoires

res anciennes & les saintes lettres font ordinaire conte, & les
Filozofes en rendent raison, comme de chose auenue & possible à auenir : mais de l'Embrasement mal aisé à croire, ils
donnent assurance auec telles raisons. Le feu se nourrit par
la nourrissante accion, qui continuellement attire l'humidité
à soy : la nourriture lui ajoute accroissement, l'accroissement
lui ajoute violence, le violent accroissement lui fait occuper &
deuorer son prochein Element : & ainsi d'autant plus il croit,
d'autant il deuore plus d'humidité pour se nourrir : & d'autant plus en deuore il, d'autant il croit plus : tellement que
par succession de tems tout deuiendra feu, c'estadire l'Uniuers
sera embrasé. Ils respondent (suiuit le Curieus) à l'embrasement, par une necessité ordonnee de nature, qu'il ne peut auenir que toute l'humeur soit consumee : car l'espreuue ordinaire, & la raison naturelle, nous monstrent au doigt, que l'eau
qui se consume, n'est reduite en rien, mais s'exhale & euapore
en exhalacions, vapeurs, & nuees, desquelles l'eau est r'engendree de nouueau, selon la vicissitude Elementaire, tant nature est impaciente de l'aneantissement. Comme pourroit, dient
ils, un entendement accompagné de bon sens commun, se persuader, que tout Air, toute Eau, toute Terre, toutes vapeurs,
toutes humeurs soient aneanties? aumoins dissoultes en unique matiere de feu, s'il considere qu'en mesmes laps de tems
que la chaleur Solaire (car ils nient que l'attraccion recon-
noisse autre cause) espuise & attire l'humeur, l'Air en sa
region moyenne s'engroisse de nuees pluuieuses, & se fait fe-
cond & liberal de pluies & autres sortes de matieres humides. Les cauernes souterreines, & les veines humides de la
terre sourgeonnent & escoulent continuellement fleuues &
fonteines, & se treuue tel espace de terre, & telle abondance
d'eaus pour souler l'attrayante vertu du Soleil, que ce pendant
qu'en

Que le Mon-
de ne perira
par embrase-
ment.

qu'en notre Hemisphere il cuit la Terre, & attire les vapeurs,
en une autre region, lui absent, les abondantes humiditez
maistrisent : & ce pendant qu'il nous brule & desseiche d'un
Esté, les Antipodes sont gelez & moillez, d'un Hyuer : &
ainsi au contraire : puis si l'Esté nous seiche & eschaufe, l'Hyuer nous moille & refroidit. Ainsi la tournoyante danse dés
saisons ne nous permet de creindre, ny Embrasement ny Deluge uniuersel, contre lequel ses propres raisons sont de mesme
preuue, en changeant seulement l'ordre des quatre qualitez.
Encores jugent ils ces raisons estre accompagnees de grande
impertinence, & suiuies de mauuaise & pernicieuse consequence au jugement de l'homme contre la diuinité : & re-
tournerions à imaginer necessairement en Dieu par un re-
doublé blasphemé, le defaut de prouidence, ou le plaisir de
mal faire : car le diffinement du Monde par feu, esteint &
consume toute esperance de nouuelle restauracion d'un autre
Monde, & donne occasion de hausser le sourcil contre la diuinité. Ie demanderois volontiers, si le feu s'auiuoit si glissem-
ment, qu'il occupast toute la region Elementaire, ne faudroit
il pas qu'il eut consumee toute l'humidité, & qu'en lui defaillant nourriture il s'esteingnist & consumast soymesmes ? Mais
à considerer en quelque naturelle raison de plus viue demonstracion, le feu peut il estre que de trois sortes ? ou charbon, ou
flamme, ou splendeur ? Ils tiennent que non, pour confessé, &
poursuiuent que le charbon est un feu en matiere terrestre, &
solide, sur laquelle il repose, & s'estend vniuersellement par
cette matiere terrestre qui est son suget : la flamme est celle
chose du feu, qui est aeriennement esleuee en haut par le nour
rissement ignee : & la splendeur, est ce que rayonne la flamme, seruant aus yeus, pour conceuoir les choses visibles. De ces
trois, est un milieu la flamme : qui auiuee, rayonne la splendeur :

Feu en trois
sortes.

deur: & diminuant, defaut en charbon. Si donq le Monde eſt
par un Embraſement uniuerſel tout reſout en feu, il ne ſera
charbon, puis que toute matiere conſumee & hors d'eſſence,
il ne demeurera en toute nature d'aucun corps qui puiſſe eſtre
charbon: encores moins ſera il flamme, car la flamme prouient de l'accion du nourriſſement, defaillant lequel par neceſſité l'accion doit faillir: c'eſtadire que lui defaillant l'aliment,
auſſi elle defaudra : & auſſi defaudra par neceſſité la ſplendeur ou clarté, troiſieme ſorte de Feu, qui de ſoy n'eſt rien,
mais eſt rayonnee par la flamme ou par le charbon, de cetui
peu, & de celle beaucoup. Voila ce qui leur apprend à nier
l'embraſement: & voici ce qu'ils ajoûtent. De deus oppoſez la
conjonccion eſt telle, que l'un ne peut eſtre ſans l'autre: & faut
ou que tous deus ſoient, ou que nul d'eus ne ſoit : comme ſi le
blanc eſt, il faut que le noir ſoit : le grand ne ſeroit ſans le petit, le pair ſans l'impair, & ainſi de tous oppoſez. Mais ſi
nous receuons l'embraſement uniuerſel, cette conſequence
nous fait ridicules : car un oppoſé ſera ſans l'autre, vù que le
propre du Feu, à ſauoir l'eſtre leger, rare, & chaut, eſt l'oppoſé
du propre de la Terre, qui eſt peſante, eſpaiſſe, & froide. Tout
donq eſtant conſumé d'un extreme embraſement, & rien
n'eſtant que le Feu, les qualitez du Feu ſeront priuees de
leurs oppoſees qualitez, c'eſtadire de celles de la Terre : ce qui
eſt impoſſible, car il faut que tous deus ſoient, ou que nul d'eus
ne ſoit. Mais j'entre en ſouuenance de nouuelles raiſons. Si le
Monde doit finir, ſa fin viendra ou par quelque cauſe, ou
par volonté de Dieu. De quelle cauſe cela peut, & ne peut
auenir, je l'ay desja dit. Mais doit on point auoir d'horreur
d'offenſer Dieu, qui eſt non ceſſante cauſe d'ordre, de diſpoſicion, de raiſon, & de toute bonté, le deſcriuant auteur volontaire de deſordre, de ruine, & de confuſion? Encores conti-

t nuent

nuent ils ainſi : L'eſſence d'une choſe ne peut perir ou ſe corrompre que par quatre manieres, à ſauoir, tranſmuer, tranſpoſer, oter, ou ajouter. La tranſmutacion eſt, comme quand le vin ſe mue en vinaigre : la tranſpoſicion, comme ſi le demicercle qui fait P, pour eſtre diſpoſé au coté droit joignant une ligne, eſtoit tranſpoſé au coté gauche, & faiſoit un Q : où ſi la ligne tendante du haut d'une parallele au bas d'une autre en deus angles aigus pour faire N, eſtoit tranſpoſee, en ligne faiſant auec chacune des deus paralleles, deus angles droits, pour figurer H. Une eſſence eſt corrompue par oter : comme ſi de quatre vous otez un, quatre ne ſera plus quatre, mais trois : & par ajouter, comme ſi à deus vous ajoutez un, deus ne ſera plus deus, mais trois. Que ce Monde ſe tranſmue en un autre, quelle raiſon le peut perſuader? La reciproque mutacion d'un en autre Element, eſt puiſſante egalement par tout, en ſa viciſſitude. Et qui ne ſcet que d'egalité de puiſſance, toute choſe ſe conſolide, ſe conferme, & ſe rend permanente? Que par tranſpoſicion de ſes parties il doiue prendre fin, il eſt moins croyable, puis que lon confeſſe que chacun Element eſt entier, & tout Element logé au reng appeté par ſon inclinacion, lequel il ne change que par violence : & leurs quatre inclinacions enſemble ſont toutes contraires à la violence. Car un Element ne ſauroit forcer ſon voiſin, ſans ſe faire violence à ſoymeſme : comme la Terre ne pourroit oter l'Air de ſon lieu, ſans violenter ſa peſanteur contre ſon inclinacion : le Feu ne pourroit deſcendre pour occuper le ſiege de la Terre, ſans faire violence à ſa legereté, & ainſi des autres. Au reſte que peut on oter au Monde? s'il s'ote quelque choſe de ſoymeſme, que deuiendra elle? Il faudra qu'elle aille en un autre Monde : cela eſt ridicule. Et de lui ajouter, que pourra ce eſtre? puis qu'aucune choſe n'eſt outre ny dehors lui? & que

tout

tout ce qui est, est de lui ? Voila l'euidence, auecques laquelle
ils se font croire l'essence du Monde ne pouuoir prendre fin.
A ceus qui treuuent estrange, que la Terre, si elle est eternelle, n'est unie & reduite en uniuerselle splanade, par les rauages de tant de cataractes, torrens, fleuues, ruisseaus, & fonteines qui sans cesse tombent, & coulent par les montaignes,
mesmes par la pluie qui de goute à goute peut par la longueur
du tems encauer les plus pierreuses durtez des roches : Il ne
faut (donnent ils pour responfe) nier que les montaignes s'engendrent, si lon peut ainsi parler, de tems en tems : mais non
comme croyent aucuns, c'estadire à la façon des arbres, qui se
despouillent d'une partie ou de toutes leurs feuilles cette annee, & en renouuellent autant, ou plus la suiuante : croissans
d'un mouuement si tardif & lent, que l'œil humein ne le peut
apperceuoir, non plus que le mouuement d'une aiguille
de Monstre, ou de l'ombre d'un Gnome solaire. Autre est la
raison de la naissance des montaignes, ainsi que j'ay dit. Car
un feu, ou vertu ignee, caché & cloz dens la Terre, tend en
haut selon sa naturelle inclinacion, & s'il rencontre quelque
spiral, tant petit soit il, tire auec soy, par la violence qu'il fait,
tachant de sortir tout ensemble, grande quantité de matiere
terrestre quelle qu'elle soit, qui s'eslieue, comme la nature du
Feu encloz la contreint, autant haut, que cette chaleur naturelle la pousse, finissant en pointe ainsi que le Feu est Pyra-
midal. Ici naist un combat de deus opposites conjoints, leger, &
pesant : le leger tendant en haut, & le pesant s'inclinant en
bas. Ainsi par ce combat la vertu ignee soutient la matiere
terrestre suspendue, & le poix de l'espesseur terrestre, empri-
sonne le Feu sous le faix de la Terre. Quel miracle donq peut
ce estre, si les pluies ou eaus coulantes ne rabotent ou appla-
nissent les montaignes, puis que la puissance ignee, soutenant

t 2   si grand

ſi grand faix, peut aiſément boire & conſumer l'eau qui
tombe ou coule par telz endroits? meſmes que par cette ſur-
uenante humidité, le Feu renforcé, eſlieue plus haut la matiere montaigneuſe, ou ſoutient plus opiniatrement les monts eſleuez, &, comme on diroit, brauigeans contre le Ciel. La
Mer, oppoſent quelques autres, s'amoindrit, comme des ſi long
tems lon ha apperçù aus Iſles de Rhode, Dele, Orthigie, qui
auec le tems ſe ſont deſcouuertes, & delaiſſees de l'eau, rendues
terre habitable. Pluſieurs autres lieus ſont demeurez à ſec
ainſi que lon peut ſoupſonner par l'euidence qui en reſte des
coquilles trouuees en lieu, ou la Mer ne donne plus, mais bien
y ha autrefois ſejourné. Si donq la Mer diminue au fil des
ans, la Terre diminuera & ſe reſoudra auec l'Eau, comme
auſſi l'Air ſera reſout par le Feu, qui petit à petit ſelon ſa
nature, conſumera tout, & le reduira en neant. Mais à
ceus ci il ſemble encor, en reſpect du merite de leur objec-
cion, que lon reſponde trop ſerieuſement, niant que la Mer
ſe diminue: & aſſurant qu'elle ha un long cours auec le
Ciel, d'Orient en Occident, outre l'ordinaire cours & recours,
ou flot & reflot, que la Lune lui eſmeut: choſe toute approuuee comme nous auons dit, par les Gades d'Alexandre en
Orient, miſes de ſon tems au bord de la Mer confinant la
Terre habitable ſous la ligne Ecliptique: & les Colonnes d'Her
cule, dreſſees en l'oppoſee partie Occidentale, ſemblablement
au confin de la Mer, & de la Terre. Car les colonnes ſont
eſlongnees de la Mer un mile, laiſſant opinion que la Mer
fut diminuee, ſi les Gades, du coté d'Orient n'eſtoient vuës de
meſme eſpace couuertes de la Mer. Parquoy il eſt certein
qu'autant que la Mer ſe montre diminuee en un endroit par
apparence de Terre nouuelle, autant elle occupe de Terre
apparue un tems, & meintenant noyee & recouuerte. La
                                                    Sicile

Sicile fut un tems jointe au continent d'Italie : & meintenant la Mer tend un bras entre deus : qui noya partie d'une
vile nommee Tyndaride. Bure, Aegire, Helice, l'Isle Atlantique, Pyrrhe, Antisse, furent un tems terre ferme, & viles
habitees, & meintenant fondues en abismes de goufres ma-
rins. Quand on les presse par argument, que ce est perissable,
dequoy perissent les parties singulieres : & que telles parties du
Monde perissent, comme il est prouuable, par les putrefac-
cions, & exhalacions des eaus diminuantes, les pestilencielles
corrupcions de l'air, defaillement de feu, par priuacion de
nourriture, dissolucions de pierres, bois, & toutes autres choses qui semblent fort durables : si donq chacune singuliere partie du Monde est perissable, pourquoy ne le sera ce tout qui
est composé d'elles ? Ils respondent cela n'estre perissable, dequoy
les particulieres parties perissent particulierement, mais cela
dequoy les parties uniuerselles perissent uniuersellement. Et
tout ainsi que pour demeurer sans une main, ou un pied, ou
un autre membre je ne seray mort, mais seulement si uniuersellement tous mes membres en un instant estoient priuez
de vie : aussi le Monde periroit, quant tous les Elemens en un
moment seroient corrompus : ce qui n'auient, & ne peut auenir : car au contraire les Elemens sont assurance d'eternelle
duree, par ce que les aduersaires de l'eternité du Monde, appellent putrefaccion, diminucion, corrupcion, & telz autres
mots, quils jugent ruïneus, lors que mutuellement quelque
partie de la substance de l'un se transmue en l'autre pour soutenement & plus estroit lien de leur aliance. Outre ces raisons, on allegue contre eus : que si le Monde estoit eternel, les
mortels animaus, principalement les hommes, seroient aussi
eternels : & si les hommes estoient eternels, les ars & les disciplines qui sont, comme il semble, le vray office & exercice

de l'humein esprit, seroient d'eternité pareille. Ores il appert
que les Ars ne sont eternels, mais inuentez par le tems: aussi
donq appert il que l'espece humeine ha un commencement &
source de generacion : parquoy le Monde ha un commencement. Car si l'homme plus excellent des animaus, n'est eternel, seroit il à croire que les autres le fussent? & s'ils ne le sont,
à quelle fin imaginer eternité aus lieus & sieges destinez pour
leur demeure, c'est à sauoir l'Air, l'Eau, la Terre, & par
consequent Tout? Mais ils respondent, qu'il ne faut s'abuser à
la necessité des Ars, lesquelz nous croyons ou croitre, ou estre
inuentez, deuant noz yeus. Car bien que l'espece humeine semble estre de tems immemorial, precedant les Ars, au rapport
des histoires, si est il plus croyable, mesmes à qui considerera,
comme chacune nacion démentant sa corriuale se vante de la
primauté & de l'inuencion, que les sciences sont eternelles,
toutefois delaissees quelques siecles, pour l'iniure des guerres,
des Tirans, pour la negligence des hommes, pour les supersti-
cieuses defenses des religions, ou autres telles causes : puis elles
sont, merci de quelque plus heureuse benignité, refreschies &
remises dessus. Quant aus animaus qui perissent, cela ne contreint point: car perisse tant qu'on voudra, cetui, & celui, l'espece ne perira pour cela, vû que autant qu'il en meurt, autant il
en renaist, l'un succedant à l'autre, comme le jour à la nuit.
Et quand encores, contre le possible, toutes especes periroient,
la masse uniuerselle qui ne consiste point essencialement de ses
particuliers, en deuroit elle estre soupsonnee comme perissable
& sugette à la fin? Alors Hieromnime coupant la parole
au Curieus, qui sembloit vouloir dire d'auantage : Celle diligence (dit il) est louable, qui se trauaille à la preuue & recherche de la verité des choses humeines, desquelles l'humeine raison peut former certeine & demonstrable doctrine:

mais

mais de s'auancer à debatre par dispute, les choses qui sont reseruees à la connoissance de la pureté diuine, & desquelles la
foy, assise sur un fondement qu'on ne doit jamais essayer d'esflo-
cher, nous assure suffisamment : il me semble que c'est lascher
trop de bride à l'humeine curiosité, & qu'il vaudroit mieus
ne laisser esgayer noz entendemens outre les bornes consti-
tuees de Dieu, auquel il plait quelquefois de permettre, pour
punicion de noz esprits enorguillis, que les raisonnemens so-
phistiques aueuglent & confondent notre jugement trop curieusement employé. Que lui plaise de n'espancher sur nous justement son ire, qui osons destrousser sa puissance, des effets de
la creacion, d'un rien, en tout & de la reduccion d'un tout
en rien : & nous veuille il esclarcir assez de jugement, pour
connoitre comme le Monde continue de tems en tems à nous
descouurir sa fraile & caduque nature, par diminucion de sa
premiere vigueur. Pouuons nous croire que l'espece humeine
n'approche son diffinement, sachans que la vie de l'homme, sont
possible quatre mile ans, estoit estendue outre neuf cens ans :
& que meintenant par l'imbecillité de la nature inferieure
& mondeine, à peine nous pouuons nous trainer, bien que lan-
guissamment, outre le neuuieme Climactere ? Vous semble il
point que le Soleil, comme vous auez dit, decheu de sa hauteur
depuis Ptolomee, presque d'une quarte partie, nous fasse signe,
que par la vieillesse du Monde, fait languissant, il commence à s'abaisser accompagnant l'affoiblissement, duquel la nature petit à petit est tiree à sa fin ? ou bien que le Soleil s'approche de la Terre, debilitee de vieillesse, & qui ha besoing de son
ayde & vertu viuisiante, comme essimee par la si longue con-
tinuacion d'engendrer & produire ? Et puis quelqu'un sophi-
stiquera un argument du tout aus parties ? Donq rien n'est
changé au Ciel ? Le contraire se voit. Deà, si ces corps excellens

lens & genereus, composez de plus ferme & durable nature,
voire desquelz nous tirons grande part de notre estre, sont par
telles mutacions menaßez de ruïne, nous oserons nous aßurer
que ce qui est ça bas caduque, inconstant, & pour tout dire,
impuissant de se conseruer en mesme vigueur une seule minute, ait en soy un estat pardurable, affranchi de fin & de pe-
rißement? Meilleures paroles, pour Dieu : & ne nions contre
notre religion, ce que par un instinct naturel grand nombre
de Gentils out crù : voire eßayé de prouuer autant richement,
que voz Peripatetiques l'ont entreprins conueincre. Cent, &
cent reßonses sont ordinaires & familiaires en voz escolles
& aus notres. Combien, je vous prie, est froid l'argument d'Ari
stote, fondé sur le rond mouuement du Ciel, auquel, à son auis,
nul autre mouuement estant contraire, il ne peut suruenir
corrupcion, pource que ce qui doit perir, doit perir par son
contraire? Qui empesche que la conuexité d'un cercle ne
puiße estre estendue en droite ligne, puis contournee en concauité : ou la concauité estendue en ligne droite, renuersee en
conuexité? Et lui qui reçoit au Ciel des parties contraires,
droit, gauche, haut, bas, deuant, derriere : n'a il pas pensé que
la disposicion des contraires parties en un corps, estoit apparente capacité de mouuemens contraires? Mais ha il ignoré
les contraires, pour ne dire seulement diuers, mouuemens des
Cieus, voire confeßez en un mesme Ciel, par les Mathematiciens sous le nom de contraire, & trepidacion? Et vrayment
quand encores il auroit gaigné ce point, que le circulaire
mouuement seroit sans contraire : si ne pourroit il refuser à
son imaginacion, un necessaire contraire (selon sa doctrine
mesmes) à tout mouuement, qui est l'arrest, ou le repos, vraye
corrupcion de mouuement. Voyez que sous l'aßurance du
mouuement en rond qu'il entend estre sans commencement,

puis

Côme le mouuement circulaire reçoit un contraire.

puis qu'il lui ôte là fin, le mouuement du rouet à filer d'une
femme, n'aura point de commencement : & se voyant le contraire, la puissance de Dieu, possible, ne sera estimee s'estendre
sur les Cieus autant librement, que celle d'une femme à son
rouet? ce seroit impiement blasphemer, de lier Dieu auec telle
necessité. Voici encores, qu'il ne peut comprendre dequoy il
fut fait, ny en quoy il pourroit estre resout par dissolucion. Et
qui nous meut de tenir pour telle merueille que Dieu ait tout
fait de rien? Sentons nous pas que c'est merueille à notre fragilité, mais ce n'est que le moindre effet de sa puissance infinie?
Qui le peut empescher? qui lui contreuient? Il n'est receuable
de dire qu'il n'a peu, apres que sa puissance est confessee infinie:
Et seroit ridicule que son infinie puissance ne peut faire une
chose finie : encor moins de dire qu'il n'ait voulu. (ar outre ce
que sa puissance est ce qu'il veut, seroit il vray semblable qu'il
refusast à sa puissance luimesmes sa volonté, ou à sa volonté sa
puissance : & contestast en soy, comme font les humeins pas-
sionnez? Si donq sa puissance, & sa volonté y ont esté prom-
ptes, sa science ne peut estre niee autant infinie que sa puissance & que sa volonté. Voila comme il peut & scet tout en infinité : & comme tout est en sa volonté libre, & non necessi-
tee aus matieres formees : car tous voz principes, votre matiere, votre forme, votre priuacion, sont en sa puissance, &
en sa science, separees ou jointes selon sa volonté. Et qu'est ce
que matiere sans forme? qu'est ce que forme sans matiere? de
quelle essence est la priuacion? Vous ne pourriez, Aristote,
dire que ce soit autre que rien, d'ou toutes choses consistent selon votre doctrine, & dont Dieu crea toutes choses selon la
notre. Ie ne puis, en bonne foy, ne m'esmouuoir contre ce bel
argument, que le Ciel est le siege de Dieu : que fussent les pro-
fesseurs des saintes lettres, plus sobres quelquefois à s'accointer

des naturels, & plus discrets à accommoder Dieu auecques les matieres. Il semble que cetui ci croye, que Dieu soit quelque quantité, occupant lieu, comme les corps materiels : & toutefois il le confesse estre une Ame eternelle, qui ne peut estre, disoit le bon Platon, descrite d'aucun nom, ny comprinse d'aucune imaginacion. Deà, si notre entendement en un moment insensiblement soudein, se transporte depuis cette Terre basse jusques là haut au Ciel : s'il sestend en un moment par tout l'Uniuers, mesurant & compassant tout d'une soudeine apprehension : serons nous si grossierement malicieus, que de contreindre Dieu, source & premier de tous entendemens, sous une moins sublime condicion? Or, brief, les raisons naturelles me semblent non receuables, quelque montre qu'elles fassent de preuue inexpugnable, pour debatre contre la puissance du Dieu de la Nature mesmes : & vaudroit mieus se confesser ignorant de ce, dont l'humeine raison est incapable, que sous ombre de Filozofie & desir de sauoir, d'une intolerable arrogance auec Nembrot, se pensant hausser un chemin du Ciel, s'edifier une tour de confusion : ou comme les Aloades, s'employer contre un Dieu, deuant lequel il se faudra incontinent fleschir en reuerence & adoracion. Aussi n'empescheráy je plus de tems à la confutacion de telz argumens, & les laisseray soudre aus Stoïques & aus Academiques, pour croire Esaie, disant : Les Cieus seront repliez & recloz comme un liure : & leur exercite (ce sont les Estoiles) se corrompra, & tombera, comme tombent les feuilles des vignes & des figuiers. Ce que le Sauueur predit en l'Euangile : Les Astres, dit il, tomberôt du Ciel. Aussi Dauid auoit chanté le semblable : mais saint Pierre bien expressement en remplissant sa seconde Epitre, dit : Le Ciel & les Elemens seront consumez par le Feu, auquel ils sont reseruez pour le jour du jugement,

auquel jour les Cieus (continue il apres) passeront bruyans
comme tempeste : les Elemens eschaufez se dissoudront, mesmes la Terre, & toutes ses euures se bruleront. Ie say bien que
Eusebe interpretant le passage que j'ay prins d'Esaie, ne confesse l'abolicion ou ruïne du Ciel : mais auec Cyrille & les autres Theologiens Grecs, suiuis par saint Hierome, interpretent
la cheute des Astres, à la cheute & punicion des Daimons
& puissances aëriennes, si (comme quelques uns ont crû au
témoignage de Iob) les Estoiles ne sont sugettes au peché : car
Origene, beaucoup Filozofe, les croyoit animees. Donq la Theologie Grecque niant le perissement des Cieus, interprete toutes
les Profecies de ce propos, à un renouuellement & restauracion du Monde en meilleur estat : croyans qu'ainsi que les
corps ressuscitez, seront par glorificacion dauez de plus grande excellence qu'ils ne sont de present, aussi les Elemens &
toute la mondeine masse, seront illustrez de plus accomplie
singularité. Mais le plus saint auis, suiui de la meilleure part
des Latins, & appuyé dessus le texte de saint Pierre, & de
Dauid, est, que le Ciel, les Estoiles, l'Air, l'Eau, & la Terre,
seront consumez par le Feu : apres laquelle consommacion seroient inutiles les Astres & les Elemens. Car si, comme il est
vray, entre les Filozofes, & entre les Theologiens, en faueur
de l'homme les Astres luisent, & sont cause naturelle &
moyen de la generacion des Plantes, des Animaus, & de
toute autre fecondité Elementaire, ordonnee au commode
usage, à l'utilité & seruice de l'homme : si l'ordre qui se voit
tant bien & cointement obserué au Monde, par chaleur,
froidure, temperature, generacion, & mouuemens, sont rap-
portez à la commodité de l'espece humeine, quand les hommes seront glorifiez, viuans en la contemplatiue jouissance
de la bonté, beauté, & sapiece de Dieu, & qu'ils seront affran-

chis de la neceßité, & uſage des choſes mondeines, à qui luira
ce Soleil? pour la conſideracion de qui ſera ce Ciel ſemé de
tant de brillans feus? qui diſcourra, ou obſeruera l'ordonnan-
ce de leur courſe? pour qui floriront les plantes? pour qui
meuriront les fruits? au ſeruice de qui naitront les cheuaus,
les beufs, & autres animaus? pour le repos & refreſchiſſe-
ment de qui s'abſentera le Soleil d'un Hemiſphere, y laiſſant
l'ombre nocturne allechant le dormir? Il faut croire qu'alors
notre condicion enrichie de toute ſuffiſance, n'aura que faire
de ces Elementaires & corporelles ſatisfaccions : & qu'ainſi
qu'à l'arriuee des clairs rais du Soleil, tout flambeau materiel
eſt inutile, auſſi au renouuellement de celle immortelle &
glorieuſe vie, le neceſſiteus uſage de cette ci faudra. Au reſte
il n'eſt beſoing, ſe trompant auec les Stoïques, rechercher la
cauſe naturelle de cette diſſolucion tant difficile à gouter : &
ſoit pour toute raiſon, l'ineuitable volonté de Dieu qui nous
ha eſté manifeſtee. Si ay'je (dit le Curieus) en memoire bon
nombre de paſſages & de l'eſcriture & des interpretes Anciens, meſmes bien expreſſement de Chryſoſtome & Philon
Iuif, deus ruiſſeaus d'eloquence, qui ſoutiennent apparemment
le Ciel, nonoſtant qu'ils le conſeſſent creé, eſtre exempt de toute corrupcion. Alors voyant que l'heure tarde ne permettoit
pas de continuer la parole d'auantage : le louerois (dís je) que
nous prinſſions pour conſeil, l'auertiſſement de Timee à So-
crate : & quant à moy à tel exemple, je ne m'eſmerueille ſi
la difficulté de tant haut ſuget ne peut eſtre eſclarcie aiſément,
connoiſſant bien que les eſprits, qui en diſcourẽt, ſont humeins,
& qu'entreprendre par raiſon d'en deſcouurir la moindre con
noiſſance, c'eſt oſer une choſe qui ne ſera jamais executee.

SOLITVDO MIHI PROVINCIA EST.

Table Alphabetique, contenant les principales matieres de ce Liure.

A

Por

www.ingramcontent.com/pod-product-compliance
Ingram Content Group UK Ltd.
Pitfield, Milton Keynes, MK11 3LW, UK
UKHW021528090726
13657UKWH00001B/477